Norbert Boxberg

Quo vadis, ecclesia?

oder

Kirche, wohin gehst Du?

ISBN   9783837056228

Herstellung   Books on Demand GmbH,
und Verlag   Norderstedt

Inhalt

Vorwort

Schon lange gehe ich schwanger mit der Frage: Wer war Jesus Christus? So banal diese Frage klingt, die Antwort scheint doch für jeden einzelnen Menschen, zumindest in unserem christlichen Abendland, eindeutig zu sein. Jesus Christus war Gottes Sohn und Mensch zugleich. Diese eindeutige Antwort, selbst mit dem Brustton einer überzeugten Geisteshaltung und Festigkeit in der Glaubensüberzeugung könnte in Wanken geraten, wenn wir uns mit der Frage beschäftigen, wie es zu dieser doch so eindeutigen Glaubensaussage kam.

Hier will ich jetzt keine theologische Erörterung vornehmen. Dieses kann ich nicht, denn mir als einfacher Christ fehlt die entsprechende fundierte Ausbildung. Ich verfüge nur über das Wissen, welches ich in meiner schulischen Laufbahn erhalten habe. Eine weitere Vertiefung dieses zugegebenermaßen nicht gerade überbordenden Wissens erfolgte nur durch das Hören von Predigten und in Teilfragen durch die aktive Teilnahme an kleineren, auch interkonfessionellen, Gesprächsrunden.

Mein Ausgangspunkt ist also die Fragestellung eines durchschnittlichen Gläubigen. Mit ist es durchaus bewusst, dass ich durch fehlendes Wissen zu irrigen Schlüssen kommen kann oder gekommen bin. Dieser mein enger Rahmen soll und darf mich nicht hindern, Fragen zu stellen. Und wenn ich etwas kritisiere, dann tue ich dieses um der Sache Willen. Es geht mir nicht darum, einen bestimmten Menschen oder eine Gruppe von Menschen in ihrer Würde herabzusetzen. Ich denke, eine gegebenenfalls auch hart durchgeführte Diskussion soll meinen Respekt vor dieser Person oder diesen Personen nicht mindern. Ich gehe sogar so weit, dass ich meinen Respekt für Handlungen einer Person oder Personengruppe zolle, die ich für mich selbst als falsch und unzutreffend bezeichne. Diesen Respekt verweigere ich erst, wenn meiner Überzeugung nach Rechte anderer Menschen nicht nur beeinträchtigt, sondern auch die Würde dieser Personen verletzt wird oder vermindert werden könnte.

Wenn ich Personen kritisiere, die über eine bessere und fundiertere theologische oder philosophische Ausbildung verfügen, so erhoffe ich mir Antworten, die mir die Möglichkeiten geben, mein Wissen zu vertiefen, meine Fragestellungen aufzulösen und Irrtümer aufzuklären. Auch erwarte ich, dass mir der Respekt entgegen gebracht werden wird, den ich meinem Gegenüber erbringe.

Es scheint mir wichtig zu sein, Begriffe genau zu definieren. Ich mache immer wieder die Erfahrung, dass in Gesprächen die gleichen Begriffe benutzt werden und diese doch teilweise ganz anders verstanden und gemeint werden. So ergeben sich Missverständnisse oder es kommt deswegen sogar zu einem völligen Unverständnis. Ich erlaube es mir daher, Begriffe zu definieren, so wie ich diese verstehe und in meinen Gesprächen nutze. Sollte ich also einen Begriff falsch verstanden haben und/oder falsch einsetzen, erbitte ich einen entsprechenden Hinweis. Nur so werde ich in die Lage versetzt, einen Irrtum zu entdecken und abzustellen.

Meinen besonderen Dank möchte ich dem Ehepaar Inga und Heiner Lücke aussprechen, die das Konzept dieses Buches gegengelesen und recht liebevoll kritisiert haben. Diese Kritik hat mir geholfen, mich im Allgemeinen einfacher und somit besser und klarer auszudrücken.

Auch haben sie meiner Bitte entsprochen, das Konzept nicht von einem Theologen durchsehen zu lassen, weil dieser dann die eventuell vorhandenen theologischen Irrtümer oder Missverständnisse offen gelegt hätte. Mir war und ist es wichtig, dass hier die Meinung eines Laien in all seiner Begrenztheit, also mit seinem unvollständigen oder gar irrigen Wissen, deutlich wird.

Die offene und liebevolle Kritik des Konfessionsverschiedenem Ehepaares Lücke und die darauf sich entwickelnden Gespräche zeigte mir, dass sich durchaus ein überkonfessioneller Gesprächsbedarf besteht. Es wäre schön, wenn dieses Buch zu Gesprächsrunden innerhalb der beiden Kirchen wie auch überkonfessionell anregt. Ich denke durchaus an Gespräche von Laien untereinander, wo sie sich über ihre eigene Befindlichkeit zum Thema des Buches oder zu einzelnen Themen aus dem Buch austauschen können. Ebenso denke ich an Gesprächsrunden, an denen Theologen teilnehmen und diese ihre Sicht zu den aufgeworfenen Fragestellungen äußern.

Vorbemerkungen

Um Missverständnissen vorzubeugen oder Umdeutungen zu entgehen, möchte ich zuerst einige zentrale Begriffe abklären. Leider hat es sich in unserem modernen Sprachgebrauch eingebürgert, Begriffe als Schlagworte zu gebrauchen, ohne vorher abzuklären, was diese Begriffe eigentlich bedeuten. So kommt es immer wieder vor, dass Begriffe in einem Sinne benutzt werden, die der ursprünglichen Bedeutung dieses Begriffes nicht entsprechen.

Der Begriff Religion bezeichnet eine Lehre über einen höheres Wesen, einen Gott (Monotheismus) oder mehreren Göttern (Polytheismus). Ferner gibt es in diesen Lehren ein Leben außerhalb unserer sinnlichen Erfahrung und außerhalb unserer Erkenntnisfähigkeit. Die Grenze unserer sinnlichen Erfahrbarkeit und unserer Fähigkeit, Erkenntnisse zu gewinnen, ist der Tod. Alles was diesseits dieser Grenze liegt, ist für uns direkt sinnlich erlebbar und kann mit den wissenschaftlichen Methoden, d. h. erläutert, werden. Alles, was jenseits dieser Todesgrenze liegt, ist weder sinnlich erlebbar noch mit den Methoden der wissenschaftlichen Theorien erschließbar. Alle Erkenntnisse, die sich auf den Raum jenseits der Todesgrenze beziehen, sind nach den strengen Regeln der wissenschaftlichen Theorien spekulativ.

Die Philosophie beschäftigt sich mit Fragestellungen, die innerhalb unserer sinnlichen Erfahrbarkeit liegen, die mit den Methoden der wissenschaftlichen Theorien bearbeitet und überprüft werden können. Diese Fragen liegen also vor der Todesgrenze und wir können hier also Erkenntnisse gewinnen und vertiefen.

Ein Philosoph wird also alle Fragen, die jenseits der Todesgrenze liegen, nicht bearbeiten, weil diese nicht in sein Fachgebiet gehören.

Der Buddhismus stellt hier eine Ausnahme dar. Da es im Buddhismus keinen Gott gibt, stellt diese Lehre nach den strengen Kriterien der wissenschaftlichen Definitionen keine Religion dar. Es wäre somit eine Philosophie. Nun kennt der Buddhismus ein Leben nach dem Tod. Er überschreitet somit die Todesgrenze. Daher wird der Buddhismus als eine Religionsphilosophie bezeichnet. Er ist mehr als eine Philosophische Lehre, kennt jedoch keinen Gott.

Wenn wir uns den Begriff des ,Nirwana' ansehen, so wird zumindest für mich deutlich, dass damit ein Zustand bezeichnet wird, den wir als eine Vereinigung mit Gott bezeichnen würden. Nirwana bezeichnet ein Erlöschen bzw. Verwehen. Als das Endziel alles Lebens oder besser als Zustand völliger Ruhe. Nirwana bezeichnet somit nicht ein Zustand eines „Nichts" oder „Leere". Es bezeichnet einen Zustand des absoluten Gleichgewichtes, der Vollendung. Das Ziel des Lebens, eines jeden Lebens, ist die Verschmelzung mit diesem Zustand des völligen Gleichgewichts.

Alle Religionen kennen diesen Begriff der Verschmelzung mit dem völligen Gleichgewicht nicht. Sie kennen nur eine Gemeinschaft mit dem einen Gott oder mit den Göttern. Der Gott oder die Götter bleiben „personal" erhalten, so wie der Mensch nach seinem Tod personal erhalten bleibt. Es wird zwar keine Aussage darüber gemacht, wie diese Personalität beschaffen ist, oder wie wir uns diese vorstellen können. Alle Religionen gehen aber davon aus, dass diese Personalität außerhalb der materiellen Bindung erhalten bleibt und jenseits der materiellen Bindung heraus erkennbar sein wird.

Vergleiche ich nun das Bild von Nirwana mit der Vorstellung einer „personalen Gemeinschaft" mit dem einen Gott oder den Göttern in den anderen Religionen, so geht für mich der Begriff des Nirwana weiter als der Begriff von der „personalen Gemeinschaft" mit Gott. Für mich bedeutet der Begriff des ,Nirwana' (übersetzt in unsere christliche Vorstellungswelt) eine Verschmelzung mit Gott. In der Erfüllung seines Lebens wird dieses Lebewesen nicht in die

Gemeinschaft mit Gott aufgenommen. Nein, es verschmilzt mit ihm. Durch die Aufgabe seiner Wesensausprägung, seiner Personalität, verschmilzt er mit der „völligen Ruhe" und wird somit wesenseins mit dieser.

Gottesbegriff - Gottesbild

Bevor wir uns meiner Grundfrage, war Jesus von Nazareth, zuwenden können, müssen wir uns noch die Frage nach unserem Gottesbild stellen. Wie stellen wir uns Gott vor und wie ist dieses Gottesbild entstanden? Wo liegt die Wurzel unseres Gottesbildes?

Wenn wir unser Gegenüber fragen, wie er sich Gott vorstellt, werden wir meistens auf Ratlosigkeit stoßen. Gott ist ein geistiges Wesen, schwer zu fassen und daher kaum erklärbar. In unserer Kultur gebrauchen wir häufig das Bild vom Vater. Der Vater als einer, der sich um alles sorgt. Der für unsere Sicherheit und für unser Wohlergehen sorgt. Der uns jedoch auch bestraft, wenn wir eine Verfehlung begehen. Kurzum, eine Figur, deren Führung wir vertrauen und wir uns anvertrauen können, dürfen und sollen.

Ist dieses alles nur eine Fiktion? Seit meiner frühen Jugend habe ich mich mit Fragen der Ethnologie, der Völkerkunde, beschäftigt. Unter anderem war für mich stets interessant, woran diese Menschen glauben. Ich war doch überrascht, dass es in allen Kulturen den Glauben an einem Gott gab, unabhängig vom Zivilisationsstand oder der technischen Entwicklung. Dieser Glaube war mal mehr und ein anderes Mal weniger konkret gefasst. Global, also weltweit, scheint die Vorstellung zu herrschen, dass es einen Schöpfer gibt, der alles geschaffen hat. Ich habe den Eindruck gewonnen, dass die Menschen, die am geringsten technisch entwickelt waren, nach unserer Kulturdefinition also am niedrigsten stehen, das unklarste Gottesbild hatten. Sie begnügten sich damit, dass es einen Geist gibt, der unsichtbar ist und über Allem steht. Je höher die Kulturstufe, desto konkreter wird das Gottesbild. Das Gottesbild orientiert sich an Symbolen, die Kraft oder Macht versprechen, z. b. Gestirne, wie Sonne und Mond. Oder ein anderes Mal sind es große Tiere, in der Regel Raubtiere. Raubtiere deswegen, weil sie die Macht über Leben und Tod haben.

Wo kommt nun unser Gottesbild her? Haben wir einen neuen Entwurf eines Gottesbildes oder haben wir es und wenn ja, von wem, übernommen? Nun, wir haben einerseits einen neuen Entwurf eines neuen Gottesbildes und andererseits ist Gottesbild in das der jüdischen Theologie verwurzelt. Wie entwickelte sich das jüdische Gottesbild? Wo liegen seine Wurzeln?

Wir müssen jetzt unseren Gedankengang unterbrechen und uns einer anderen Frage zuwenden, nämlich der Frage, wer Moses war. Diese Frage ist deshalb wichtig, weil die ersten Bücher der Bibel Moses als Autor zugeschrieben wurden. Wir können ruhig davon ausgehen, dass Moses diese Bücher nicht geschrieben hat, denn die Entstehungsgeschichte dieser Bücher überschreiten die Lebenszeit eines Menschen. Wenn diese Bücher aus einer Zeitepoche stammen, die nach Moses benannt wurden, dann muss dieser Mensch eine zentrale Bedeutung haben.

Über Moses scheint es zwei Geschichten zu geben. Eine aus der Bibel, also aus der Sicht der Juden, und eine Legende aus der Sicht der Ägypter. Wir wollen uns diese beiden Geschichten ansehen und diese miteinander vergleichen. So können wir feststellen, ob es signifikante Unterschiede gibt oder ob diese doch nicht so bedeutend sind.

Die jüdische Geschichte über Moses steht im Buch Exodus. Die ersten fünf Bücher (Genesis, Exodus, Levitikus, Numeri, Deuteronomium) wurden Moses zugeschrieben und werden Moses 1 bis Moses 5 benannt. Im Judentum werden diese fünf Bücher als Torá bezeichnet.

Im zweiten Kapitel des Buches Exodus, Vers 1 – 10 steht nun die Geburtsgeschichte von Moses, so wie wir sie kennen. Er wurde von einer jüdischen Frau geboren, in einen Weidenkorb gelegt und dem Nil übergeben. Dort trieb dieser Korb an den Garten des Pharao und wird dort von der Tochter des Pharaos entdeckt. Da alle männlichen Nachkommen der Juden nach ihrer Geburt getötet werden sollten, war dieses die einzige Möglichkeit, das Kind zu retten. Die

Tochter des Pharaos nahm also den Säugling an Kindesstatt an. Moses wurde so zu einem ägyptischen Prinzen. Von Geburt her war er jedoch ein Jude.

Über die Berufung des Moses zum Führer und Sprecher der Juden berichtet die Bibel ab dem Vers 23. Wir wollen dieses jedoch jetzt nicht vertiefen.

Die Legende aus ägyptischer Sicht berichtet, dass Moses ein Verwandter des Pharaos war und wegen theologischer Fragen in Ungnade fiel. Moses musste also fliehen und bei seiner Flucht soll er die Israeliten mitgenommen haben. Was war der Grund dieses theologischen Streites? Warum war er so bedeutend, dass Moses aus seiner Heimat fliehen musste?

Zur Zeit des Neuen Reiches, während der 18. Dynastie (1552 – 1070 v. Chr.) herrschte der Pharao Amenophis IV. von 1364 – 1347 v. Chr.. Da die Priesterschaft einen Staat im Staate bildete, brach Amenophis IV. mit der herrschenden Theologie, schuf alle Götter ab und bestimmte, dass ein bis dahin unbedeutender Gott, Aton, der einzige Gott sei. Aton war der Gott der Sonne. Die Verehrung der bisherigen Götter wurde unter Strafandrohung verboten. Der Bruch wurde auch dadurch deutlich, dass er die Hauptstadt verlegte und eine neue baute und diese Amarna nannte. Desweiteren legte er seinen Namen Amenophis ab, da in diesem Namen der Name des alten Reichgottes Amun enthalten war. Er nannte sich Echnaton, was mit Sohn des Aton übersetzt wird.

Dieser ägyptische Monotheismus (der Glaube an einen Gott) hielt jedoch nicht lange. Schon sein Schwiegersohn Tut-Ench-Amun 1361 – 1352 v. Chr.), er hieß ursprünglich Tut-Ench-Aton, gab die Sonnenreligion seines Schwiegervaters auf und setzte den alten Götterglauben wieder ein. Er gab auch die Hauptstadt Amarna auf und verlegte diese nach Memphis.

Worin lag nun die Brisanz dieses Streites? Es ging hier um die Macht und um Geld. Der Pharao war der absolute Herrscher. Er war keinem Menschen Rechenschaft schuldig. Sein Wort war Gesetz. Im Laufe der Jahrhunderte entwickelten sich verschiedene Riten, die den Pharao sogar unter die

Oberhoheit des Obersten Priesters des Haupttempels des Reichsgottes Amun stellten. Wenn dieses auch keine direkte weltliche Macht der Priesterschaft nach sich zog, so war der Pharao doch dem Gott Amun unterstellt und sein höchster Repräsentant war nicht der Pharao, sondern der Hauptpriester. Ebenso verfügten die Tempel über eine enorme wirtschaftliche Macht, über die der Pharao nicht verfügen konnte.

Amenophis IV. brach nicht nur mit der religiösen Tradition. Er versuchte die Macht der Tempel dadurch zu brechen, in dem er die Gottheiten abschuf, die Verehrung dieser Gottheiten unter Strafe stellte und den Tempeln ihre wirtschaftlichen Güter nahm. Er stellte heraus, dass der Gott Anton über ihn wirkte. Er, der Pharao, war der Repräsentant des Sonnengottes. Er, der Pharao, erhielt vom Gott Anton den Segen, den er, der Pharao, an sein Volk weiter gab. Der Segen des Himmels konnte also nur über ihn und seiner Familie auf das Volk übergehen.

Amenophis IV., oder besser Echnaton, brach mit der alten Ordnung. Er nahm keine Rücksicht auf die Gefühlslage seiner Geistlichkeit und die der Bevölkerung. Das alte Weltbild wurde von ihm per Dekret aufgehoben und durch ein neues, auf ihn zentrierte, ersetzt. Wir können uns diese Aufregung in der damaligen Zeit kaum vorstellen, weil unsere Gesellschaft weitgehend säkularisiert ist. Unser Leben wird zunehmend weniger von kirchlichen Wertvollstellungen bestimmt und richtet sich immer mehr an weltlichen Gesichtspunkten aus. Im Islam gibt es noch eine sehr starke Bindung und Ausrichtung des Lebens auf religiösen Wertvorstellungen. Stellen wir uns mal vor, der König von Saudi-Arabien würde eines Tages erklären, der Islam wäre keine Religion mehr und alle Moscheen und die islamischen Heiligtümer müssten geschlossen werden. Er würde dann eine neue Religion begründen und sich selbst als der oberste Priester dieser Religion einsetzen. Ein gewaltiger Aufschrei der islamischen Welt hätte dieses zur Folge. Nun, Amenophis IV. machte genau so etwas und gab sich den neuen Namen Echnaton. So wie damals nach dem Tod des Pharao Echnaton würde jetzt nach dem Tod des saudischen Königs, die alten Geistlichen wieder versuchen, die alte Religion, die immer noch als rechtmäßig empfunden wurde, wieder herzustellen. Jeder, der nun versucht, die neue Religion (Aton) zu erhalten, würde als Ketzer beschimpft und bekämpft. Und so erging es nun Moses. Sein Eintreten für Aton und damit für die neue Religion, gefährdete ihn. Als seine Fraktion sich nicht durchzusetzen vermochte, musste er sich entscheiden, entweder der Religion mit dem einen Gott abzusagen oder Ägypten zu verlassen. Denn das weitere Eintreten für den einen Gott gefährdete die alte Ordnung und damit den staatlichen Zusammenhalt des Staates. Es geht hier somit mehr als nur um eine theologische Frage.

Vergleichen wir nun diese beiden Geschichten über Moses. Wir stellen einmal fest, bei beiden geht es um den Glauben an einen Gott. Im Judentum ist Gott, soweit ich es übersehen kann, nicht personifiziert. Er wird benannt als: „Ich bin der, der ich bin!" oder „Ich bin der HERR, der Gott deines Vaters Abraham, und Isaaks." (Gen. 28, Vers. 13). In der ersten Aussage erklärt Gott sich aus sich selbst heraus. Wir können uns aus dieser Aussage keine bildhafte Vorstellung von ihm machen. In der zweiten Aussage, die später in dieser oder einer ähnlichen Form immer wieder im alten Testament auftaucht, stellt Gott sich in eine Glaubenstradition und hebt somit eine zeitliche Begrenzung für sein Wesen auf. Bei Echnaton wird der Gott Aton, der Sonnengott oder Gott der Sonnenscheibe, verehrt. Die Sonne als Symbol für die Kraft, die alles Leben gibt oder nimmt. Im Gegensatz zum jüdischen Glauben haben die Ägypter ein deutlich sichtbares und sinnlich wahrnehmbares Symbol für ihren Gott. Beide bedienen sich einzelner Menschen, um ihren Willen kundzutun. Bei den Juden sind dieses die Propheten, bei Echnaton ist es der Pharao, über den Aton sich an die Menschen wendet. Während in der jüdischen Geschichte Moses in die Familie des Pharaos „eingeschmuggelt" wird (Exodus 2, Vers 1 – 10) ist er in der ägyptischen Legende ein Mitglied der Familie des Pharaos. Und nur als Mitglied der Familie des Pharaos hat er direkten Zugang zum Pharao. Und dieser direkte Zugang zum Pharao ist wichtig, damit die Israeliten aus Ägypten heraus geführt werden können. Und dieses ist im Hinblick auf die politischen und religiösen Turbulenzen zum Ende der 18. Dynastie wichtig. Denn die Juden als Verfechter einer monotheistischen Religion, waren natürlich jetzt ausgesprochen gefährdet. Um ihren Glauben weiter leben zu können, mussten sie unbedingt Ägypten verlassen.

Für die Beschreibung unseres Gottesbildes halte ich diesen Sachverhalt für wichtig. Unser Gottesbild wurzelt im jüdischen Gottesbild. Dort ist das Bild jedoch recht undeutlich. Es wird mit der Aussage: „Ich-bin-da" (Ex. 3, Vers 14) und als Name „Jahwe" (ex. 3, Vers 15), im alten Testament auch immer wieder mit der Aussage: „Ich bin der Herr, der Gott deines Vaters Abraham, und Isaaks" (Gen. 28, Vers 13) beschrieben. In der ersten Aussage erklärt Gott sich aus seiner Anwesenheit heraus. Es wird deutlich, dass kein Maßstab ihn beschreiben und wir ihn sinnlich nicht erfahren können. In der zweiten Aussage, die im Alten Testament später so oder in ähnlicher Form immer wieder auftaucht, wird Gott in eine geschichtliche Tradition gestellt, eine zeitliche Begrenzung somit aufgehoben. In der jüdischen Theologie ist selbst sein Name so heilig, dass er nur in wenigen Ausnahmefällen genannt werden darf. Gott ist und bleibt somit ein Geheimnis außerhalb unserer Erkenntnisfähigkeit. Gott bedient sich der Propheten, um seinem Volk seinen Willen kund zu tun.

In der Theologie von Echnaton wird das Gottesbild ähnlich dargestellt. Er bedient sich jedoch des Symbols der Sonne. Die Sonne als Gottheit, die das Leben gibt und nimmt. Aton wirkt über den Pharao. Nur der Pharao ist somit der Mittler zwischen dem Gott Aton und den Menschen.

Für uns ist Gott ein Wesen, welches sich außerhalb unserer Begriffs- und Vorstellungswelt aufhält. Es ist uns weder

16

sinnlich noch nach den Methoden der Erkenntnisgewinnung möglich, ihn zu erfassen und zu erfahren. So wie Aton durch den Pharao auf die Menschen wirkte, wirkt Gott über konkrete Menschen auf uns.

Auch wenn die offizielle Begründung des Gottesbildes innerhalb der katholischen Kirche eine Andere ist, so besticht doch hier die Ähnlichkeit.

Es gibt noch eine weitere Ähnlichkeit zwischen dem Gottesbild Echnatons und unserem christlichen Gottesbild. Es ist das Bild von Gott in seinem Verhältnis zum Pharao einerseits und anderseits Christus als Sohn, Sohn Gottes. Bevor nun dieses von mir hier entworfene Bild als absolut absurd verworfen wird, verweise ich auf die Aussagen von Josef Ratzinger (Benedikt XVI.) in seinem Buch „Jesus von Nazareth" zum Thema „Der Sohn". „Das Wort „Sohn Gottes" stammt aus der politischen Theologie des Alten Orients. In Ägypten wie in Babylon wurde der König als „Sohn Gottes" tituliert; das Ritual der Thronbesteigung gilt als seine „Zeugung" zum Sohn Gottes, die man in Ägypten wohl wirklich im Sinne einer geheimnisvollen göttlichen Herkunft, in Babylon anscheinend schon nüchterner als einen Rechtsakt, eine göttliche Adoption verstand." (S. 386 ebenda) Und weiter: „Beim Erstarken des davidischen Königtums wird nun die altorientalische Königsideologie auf den König auf dem Zionsberg übertragen." (S. 387 ebenda).

Zum Fortgang dieses Begriffs aus der alttestamentarischen Zeit hinaus führt er weiter aus: „Bevor wir zu der einfachen Selbstbezeichnung Jesu als „der Sohn" übergehen, die dem ursprünglich aus der politischen Sphäre stammenden Titel „Sohn Gottes" erst seine endgültige, „christliche" Bedeutung gibt, müssen wir aber die Wortgeschichte selber noch zu Ende führen. Denn zu ihr gehört es, dass der Kaiser Augustus, unter dessen Herrschaft Jesus geboren wurde, die altorientalische Königstheologie auf Rom übertrug und sich selbst als „Sohn des Göttlichen (Caesar)", als Sohn Gottes proklamierte (vgl. P. Wülfing v. Martitz, ThWNT VIII, S. 334 – 340, bes. 336). Wenn dieses bei Augustus noch mit großer

Vorsicht geschieht, so bedeutet der bald darauf einsetzende römische Kaiserkult, dass nun der volle Anspruch der Gottessohnschaft und damit der göttlichen Verehrung des Kaisers in Rom aufgenommen und für das ganze Imperium verbindlich wird."(S. 389 ebenda).

Ich denke, dieser Begriff bestand in abgeschwächter Form bis in die Neuzeit. Hier waren die Herrscher nicht mehr „Sohn Gottes", aber sie leiteten ihre Rechtfertigung von der „Gnade Gottes" ab.

Unser christliches Gottesbild geht, zumindest sprachlich, von einem geschlechtlichen Gottesbild ab. Denn „Gottvater" ist ein Mann. Diese geschlechtliche Zuweisung kann zu Problemen führen. Hier sei nur kurz das Stichwort feministische Theologie genannt. Ich denke, wir werden in einem anderen Zusammenhang noch darauf zurückkommen.

Wir haben gesehen, dass das jüdische Gottesbild nicht fassbar ist. Es erklärt sich aus seinem „Da-sein". Gott ist anwesend, und dieses zu jeder Zeit. Wie man sich dieses vorstellen soll oder kann, bleibt offen.

Das christliche Gottesbild wird vom Anfang an vom Bild des Vaters geprägt.

Wie sieht das islamische Gottesbild aus? Der Islam kennt nur einen Gott, der, wie das jüdische Gottesbild, nur aus einer Person besteht. Im Gegensatz zum Judentum ist im Islam der Name Gottes nicht heilig, im Sinne von nicht aussprechbar. Der Name Gottes „Allah" wird mit dem gebotenen Respekt oft genannt.

Das strikte Bilderverbot in der islamischen Theologie leitet sich wohl vom Bilderverbot des alten Testamentes ab (siehe Ex 20, Vers 4). Dieses strikte Bilderverbot wird auch in der evangelisch reformierten Kirche befolgt, die sich auf den Reformator Calvin beruft.

Wir haben gesehen, dass das christliche Gottesbild sehr dem Gottesbild von Echnaton ähnelt. Zumindest sind viele Aspekte ähnlich. Für mich stellt sich daher die Frage, wieweit

18

ist unser Gottesbild vom Gottesbild Echnatons geprägt oder beeinflusst worden ist.

Monotheismus – Polytheismus

In meiner Jugendzeit beschäftigte ich mich stark mit den Naturvölkern, den so genannten primitiven Kulturen. Unter anderem interessierte mich deren Glauben. Ich fand dabei heraus, dass diese eigentlich monotheistisch waren. Es gab überall einen Schöpfer, der die Erde, Natur, Tiere und Menschen erschuf. Häufig gruppierten sich darunter Geisteswesen, die dem Menschen besondere Kraft verleihen, ihnen Schaden oder großen Nutzen bringen konnten. Daneben gab es oft einen Ahnenkult. Über die Ahnen wurde die Verbindung in das Reich jenseits des Todes hergestellt.

Später, bei einem wesentlich höheren Grad der „Zivilisation", wurde dieser Monotheismus von einem Polytheismus abgelöst. Neben dem einen Gott, der als Chef der Götter erhalten blieb, trat nun eine Vielzahl von Göttern. Im Gegensatz zu den Geistern haben diese Götter eigene Geschäftsbereiche, für die sie alleine zuständig sind. Man betet diese Götter an, damit sie diese ihre Tätigkeiten nicht zum Schaden der Menschen verrichten oder dass sie die Menschen vor Schäden bewahren bzw. aus diesen heraus helfen sollen. Geister sind also Wesen, die als Fürsprecher zu dem einen Gott dienen oder dem Menschen zu besonderen Fähigkeiten verhelfen sollen. Geister werden zwar verehrt, aber nicht angebetet. Götter haben eine selbständige Machtfülle. Sie wirken nicht als Fürsprecher, sondern als Herren mit eigener Machtfülle.

In der Geschichte der jüdischen Theologie scheint der Monotheismus nicht durchgängig vorhanden gewesen zu sein. Es muss wohl immer wieder mal Zeiten gegeben haben, wo das Judentum oder Teile des Judentums mehreren Göttern diente. Dieses wohl meistens, wenn die Israeliten sich im Exil,

Babylon, Ägypten, befanden. Es gab dann aber immer wieder Reformbewegungen zum Monotheismus zurück.

„Die im Alten Testament erwähnten Stierbilder (»Goldenes Kalb«) waren keine Götterbilder. Sie wurden nicht angebetet, sondern galten als Träger des unsichtbar auf ihnen thronenden Gottes. Trotzdem lag die Verwechslung zwischen Bild und Gott nahe (2.Mose 32,1-29)" Diese Ausführung als Erläuterung zur Lutherbibel 1984 verwirrt mich etwas. Ich hatte in der Schule gelernt, dass der Tanz um das Goldene Kalb einen Götzendienst darstellte, also einen Rückfall zum Polytheismus, also zum Vielgötterglauben, gewesen war. Es wäre jetzt interessant zu erfahren, ob es hier neue Erkenntnisse gibt.

Feministische Theologie

Gibt es eine feministische Theologie? Was will die feministische Theologie oder welche Aussagen macht sie?

Die Frage ist erst einmal einfach zu beantworten. Es gibt keine feministische Theologie. So wie es eine maskuline Theologie nicht gibt. Was soll nun die Unterscheidung zwischen der weiblichen und der männlichen Theologie?

Wenn wir uns die Bibel einmal genauer ansehen, so werden wir feststellen, dass Gott einerseits ungeschlechtlich dargestellt wird. Also, so wie Gott kein Mann ist, ist er auch keine Frau. Die geschlechtliche Differenzierung bezieht sich nicht auf Gott, sondern auf die Menschen, die in der Bibel dargestellt werden. Denn die Unterscheidung zwischen männlich und weiblich spielt nur in der Reproduktion des Lebens bei nahezu allen Lebewesen eine Rolle. Neues Leben entsteht nur, wenn eine weibliche Keimzelle sich mit einer entsprechenden männlichen Keimzelle vereinigt. Neues Leben entsteht auch nur, weil das Leben begrenzt, also endlich ist. Damit das Leben über das endliche Leben des Einzelwesens Bestand hat, muss es sich also reproduzieren. Dieses Prinzip der Reproduktion des Lebens gilt für nahezu alle Arten des Lebens auf der Erde.

Das Leben Gottes richtet sich nicht nach den Maßstäben des Lebens innerhalb unseres Universums. Die Maßstäbe des Lebens in der Transzendenz, als jenseits der Todesgrenze allen Lebens, jenseits des sinnlichen und erkenntnisfähigen Erfahrungshorizontes, sind uns nicht bekannt. Wir können uns dieses Leben außerhalb unserer sinnlichen und erkenntnisfähigen Erfahrbarkeit, außerhalb unserer stofflichen Bindung nicht vorstellen.

In unserer Vorstellung versuchen wir das Unfassbare, unsere Begriffswelt übersteigende für uns anschaulich zu machen. Hierzu bedienen wir uns der Symbole. Das Symbol als solches ist also nicht die Aussage. Nein, es soll uns helfen, das Unbegreifliche begreiflich, das Unfassbare anschaulich, das Unvorstellbare uns näher zu bringen.

Und wie stellen wir uns nun Gott vor? Welches Symbol setzen wir ein, um uns Gott begreiflich zu machen? Nun, wir stellen uns Gott als Vater vor. Der Vater, der der Familie vorsteht. Der Vater, der sich um die Familie kümmert. Der Vater, der Entscheidungen fällt und hierzu kompetent ist. Und der Vater ist männlich. Also stellen wir uns Gott Vater als einen Mann vor, Und weil er ja schon so alt ist, als einen alten Mann. Der alte Mann steht auch für Weisheit, für viel Erfahrung und Würde.

Bei der Besprechung des Gottesbildes haben wir schon gesehen, dass das Symbol Vater für Gott sehr alt ist.

Wenn jetzt Feministinnen argumentieren, dass weit vor dem Bild des Vater-Gottes die Mutter-Gottheit vorherrschend war, so muss gesagt werden, dass dieses stimmt. Die Archäologie weist nach, dass Bildnisse von Mutter-Gottheiten erheblich älter sind als Bildnisse von Vater-Gottheiten. Nun, dieses ist auch verständlich. Denn offensichtlich wird das neue Leben von Frauen oder von weiblichen Tieren geboren. Welche Bedeutung der Mann oder das männliche Tier hierzu hatte, blieb den Menschen lange verborgen. Feministinnen könnten also sagen, das Bild der Mutter-Gottheit ist älter als das Bild der Vater-Gottheit. Also sei das Bild der Mutter-Gottheit das ursprüngliche Gottes-Bild.

Feministinnen könnten auch aus der Sicht der Entwicklung des biologischen Lebens sagen, dass die Natur, soweit diese geschlechtlich organisiert ist, im Grunde genommen weiblich sei. Denn wenn das y-Chromosom nicht ausreichend das Hormon Testosteron aussendet, entwickeln sich weibliche Genitalien. Aus diesem Grunde seien die meisten Zwitter weiblich ausgeprägt, obgleich sie das xy-Chromosomenpaar besäßen. Die wenigen Schwein-Zwitter, bei denen die Klitoris zu groß geraten ist und so einen Penis vortäuscht, würden nicht ins Gewicht fallen.

Das Argument, es würden ja mehr Jungen als Mädchen geboren, ist wohl wahr, aber nicht als Gegenargument zur weiblichen Grundstruktur der geschlechtlichen Natur brauchbar. Statistisch gesehen kommen zwar auf 100 Mädchengeburten ca. 105 Jungengeburten. Somit ist ein leichter Überhang von Jungen bei den Geburten gegeben. Aber wie begründet sich dieser leichte Überhang an Jungen-Geburten? Hierzu sehen wir uns den Geburtsvorgang einmal an.

Bei der Geburt wird der Fötus durch regelmäßige Muskelbewegungen (Wehen) aus dem Uterus (der Gebärmutter) durch den Geburtskanal nach draußen geschoben. Hierzu wird Druck auf den Körper des Fötus ausgeübt, um diesen bewegen zu können. Die Testikel (Hoden) sind druck- und hitzeempfindlich. Um die Testikel vor dem Druck während des Geburtsvorganges zu schützen, befinden sich diese im Bauchraum. Nach der Geburt rutschen die Testikel in das Skrotum, den Hodensack. Um dieses Durchrutschen der Testikel zu ermöglichen, haben alle männlichen Säuglinge zwei Öffnungen in der Leiste. Bezogen auf den kleinen Körper des Säuglings sind diese Öffnungen in der Leiste relativ groß.

Nach der Geburt und der Durchtrennung der Nabelschnur ist der Säugling darauf angewiesen, seine eigene Lunge zu entfalten. Um die Lunge zu entfalten und mit Luft zu füllen, müssen die Säuglinge durch Schreien tief einatmen. Dieses geschieht durch eine Bauchatmung und hierzu werden auch die Muskeln der Leiste benutzt. Da die Leisten bei den männlichen Säuglingen durch die beiden Öffnungen geschwächt sind, kann es zu einem Leistenbruch kommen. Wenn dieser Leistenbruch nicht medizinisch richtig versorgt wird, kann sich der Darm darin einquetschen. Nur durch eine Operation kann dann das Leben dieses Säuglings gerettet werden.

Lange Zeit waren die Menschen hierzu nicht in der Lage. Folglich war die Sterberate bei männlichen Säuglingen höher, als bei den weiblichen. Folglich hat die Natur vorgesorgt. Durch die höhere Rate bei den männlichen Geburten wurde die höhere Rate bei den Sterbefällen der männlichen Säuglinge wieder ausgeglichen. Somit scheidet das statistische Argument der häufigeren männlichen Geburt als Gegenargument zum „Regelfall der Weiblichkeit innerhalb der Natur" aus.

Eingangs haben wir festgestellt, Gott hat keine geschlechts-typischen Merkmale. Also ist Gott weder männlich noch weiblich. Somit kann es keine maskuline (männliche) oder feminine (weibliche) Theologie geben. Dennoch müssen wir feststellen, dass die Kritik aus der Frauenbewegung gegen die herrschende Theologie, genauer gegen das dort verkündete Gottes- und Menschenbild durchaus berechtigt ist. Denn mit männlichen Attributen sind alle herrschenden, guten und dominierenden Aussagen besetzt. Positive weibliche Attribute finden wir nur in Aussagen, die sich im Umfeld von unterordnen und dienenden bewegen. Ferner wird die Verführung immer weiblich dargestellt. Folglich fühlen sich die Frauen nicht ernst genommen und zurück gesetzt. Wie kam es zu dieser, für viele Frauen so empfundenen Diskrimi-nierung des Weiblichen?

Ursprünglich erlebten sich die Menschen sich als Bestandteil der Natur. Sie waren den Mächten der Natur mehr oder weniger schutzlos ausgeliefert. Die Vorgänge in der Natur wurden als so gegeben und nicht beeinflussbar angesehen. In dieser Zeit gab es scheinbar nur Mutter-Gottheiten. Weil alles Leben aus dem weiblichen Organismus kam, herrschte das weibliche Prinzip, das Matriarchat. Rest dieser Entwicklungsstufe können wir bei jungen Säuglingen sehen, die sich noch nicht als Person begreifen und erst lernen müssen, dass ihr Körper in Gänze zu ihnen gehört. Erst dann bilden sie eine eigene Persönlichkeit aus.

Der Mensch lernte dann vor ca. 15.000 bis 10.000 Jahren, in die Abläufe der Natur mit Erfolg einzugreifen. Er konnte gestalten und so seine Umgebung verändern. Auch lernte er, dass die Frauen nur dann Leben gebären konnten, wenn vorher die Männer den Frauen etwas durch den Geschlechtsakt gegeben hatten. Somit wuchs die Bedeutung des männlichen Prinzips und löste das weibliche ab. Vom Matriarchat wechselten wir zum Patriarchat. Es fand also der erste Paradigmenwechsel in der Geschichte des Menschen statt. Von dem der übermächtigen Natur ausgeliefertem Wesen wechselte die Menschheit zu einer eigenständigen Persönlichkeit, die die Natur immer mehr beherrschen kann.

Die Frauen gerieten jetzt immer mehr unter Druck. Denn sie konnten den Männern an Muskelkraft nicht folgen. Die männliche Sicht, der Blick auf das Einzelne, schien besser zu sein als die weibliche Sicht, der Blick auf das Ganze.

Das schlechte Frauenbild des Altertums und hier speziell des uns prägenden Judentums speist sich aus einem Nichtwissen und Nichtverstehen der biologischen Vorgänge innerhalb des weiblichen Körpers. Mit den Frauen konnte etwas nicht in Ordnung sein, denn sie bluteten regelmäßig. Und dieses, ohne dass sie sich oder andere ihnen eine Wunde zugefügt hätten. Man begriff dieses regelmäßige Bluten als ein Waschen, ohne zu verstehen, was gewaschen wurde und so wurden die Frauen unrein.

Das diskriminierende Frauenbild mag auch aus der Beobachtung kommen, dass das neue Leben zwar aus der Frau geboren wurde. Wie der Sämann seinen Samen auf dem Feld verteilt und auf diesem Feld dann die Früchte des Feldes heranwuchsen, so gab der Mann seinen Samen in die Frau ab und in ihr wuchs, wie auf dem Feld, das neue Leben heran. Den Uterus kannte man und es war auch bekannt, dass dort das neue Leben heran wuchs. Im Jahre 1677 n. Chr. entdeckte ein Optiker, dass die vom Mann ausgestoßene Flüssigkeit aus ganz vielen kleinen Körpern mit einem langen Schwanz hintendran bestand. Diese Entdeckung bestärkte natürlich das Bild vom Samen, den der Mann in die Frau abgibt und dass dann daraus das neue Leben entsteht. Ja, die Frau war der Acker, in dem das neue menschliche Leben heran wuchs.

Wir müssen uns vor Augen halten: der Samen ist ein Körper, aus dem das neue Leben entsteht. Er benötigt nur ein Medium, in dem er Wurzeln bilden kann, mit denen er dann seine Nährstoffe aus dem Boden holt, um wachsen und reifen zu können. Bei den Menschen und den Tieren verhielt es sich wohl ebenso, nur dass der Boden, in dem der Samen Wurzeln bilden und aus dem er seine Nährstoffe holen kann, jetzt kein Boden, sondern eine Höhle in der Frau war. Und weil das neue Leben darin bis zur Geburt heran wuchs, wurde es Gebärmutter genannt. Der Beitrag der Frau zur Entstehung neuen Lebens war also, den Boden für das Heranreifen des neuen Lebens zu Verfügung zu stellen.

1826 änderte sich diese Sichtweise grundlegend. Denn erst 1826 wurde die Eizelle entdeckt. Jetzt erst begriff man, warum die Frau regelmäßig ihre Blutung hat. Und man entdeckte, dass der Beitrag der Frau nicht nur die Bereitstellung der Geburtshöhle für das Heranwachsen des neuen Lebens war. Seit 1826 weiß man also, dass erst das Zusammentreffen und Verschmelzen der Eizelle mit einem Spermium die Entstehung des neuen Lebens verursacht. Es ist schon erstaunlich, dass es bis 1826 dauerte, um die Eizelle zu entdecken. Diese Eizelle ist etwa so groß wie ein Stecknadelkopf und kann mit bloßem Auge, also ohne jegliches optisches Hilfsmittel, gesehen und erkannt werden. Seit 1826 wissen wir, wie die Funktion der Lebensweitergabe, der Reproduktion des Lebens, abläuft.

Hat sich das Bild der Frau durch dieses neue Wissen seit 1826 verändert? Warum werden die Frauen innerhalb des kirchlichen Dienstes in der katholischen Kirche weiterhin benachteiligt? Warum sind Frauen noch immer nur für die niedrigen Dienste innerhalb der katholischen Kirche geeignet?

Wenn Gläubige sich für die katholische Kirche verdient gemacht haben, dann verleiht die Kirche auch Orden. Es kommt nicht häufig vor, aber es kommt doch gelegentlich zu solchen Ordensverleihungen. Auch hier gibt es eine Unterscheidung zwischen Orden, die an Frauen verliehen werden, und solche, die an Männer verliehen werden. Für die Frauen gibt es nur einen Orden und diesen auch nur in einer Klasse. Für die Männer gibt es mehrere Orden in verschiedenen Klassen. Machen Frauen sich weniger verdient um die Kirche, als Männer? Oder wie lässt sich dieser Umstand anders als mit einer grundsätzlichen Missachtung der Frauen durch die Kirche begründen?

Bei einem meiner Streifzüge durch das Internet fand ich ein interessantes Foto. Es ist mir nicht bekannt, welcher Fotograf dieses Bild machte und welches Thema er diesem Bild gab. Dieses Bild zeigte eine unbekleidete junge Frau, die sich von einem Teich weg bewegte. Im Hintergrund auf einem Berg sah man eine Kapelle. Diese Fotografie sprach mich als ein Symbol für das Verhältnis der Frauen zur Kirche an. Was sehen wir, eine junge Frau geht, so wie von Gott geschaffen. Hinter ihr ist ein Teich. Wobei das Wasser als Symbol für das Leben steht. Oben auf dem Hügel liegt eine Kirche. Die Frau geht aber von der Kirche weg.
Ist es so, dass die kath. Kirche die Frauen nicht mehr anspricht, diese sich so von ihr, der Kirche, missachtet fühlen, so dass sie sich von der Kirche abwenden?

Wir haben die erste Frage zur Feministischen Theologie: gibt es eine feministische Theologie? mit einem klaren Nein beantwortet. Diese klare Aussage entbindet uns jedoch nicht von der Beantwortung der zweiten Frage, was will die Feministische Theologie oder was sagt sie aus?

Jetzt mag der Eine oder Andere sagen: „Feministinnen sind doch nur die Frauen, die sich über die Männer setzen wollen oder alles ohne Männer machen möchten!" Ist diese Aussage richtig oder nur vorschnell und sinnentleert? Die Feministische Theologie will nicht den lieben Gott vom Mann zur Frau umwandeln. Nein, das ist nicht ihr Anliegen. Sie will uns darauf aufmerksam machen, dass wir alles vermännlicht haben, dass wir, auch wenn uns dieses nicht bewusst wird, die Frauen weiterhin diskriminieren, als unrein betrachten und nicht ernst nehmen. Feministische Theologie ist keine Kampfansage an die normale Theologie. Sie will uns endlich lösen aus der tradierten Sicht unseres Frauenbildes. Sie möchte erreichen, dass die Frauen gleichberechtigt neben den Männern stehen dürfen, und nicht nur hinter diesen.

In der Bundesrepublik Deutschland erlangten die Frauen erst durch das Gleichberechtigungsgesetz, welches am 1. 7. 1958 in Kraft trat, die volle Gleichberechtigung im bürgerlichen Leben. Erst durch dieses Gleichberechtigungsgesetz wurde die Dominanz des Mannes der Frau gegenüber rechtlich aufgehoben. Die Feministische Theologie mahnt nun diese Gleichberechtigung von Mann und Frau auch innerhalb der kath. Kirche an. Es geht, es ging der Feministischen Theologie nicht darum, die Dominanz des Mannes gegen eine Dominanz der Frau zu tauschen. Es geht und es ging ihr darum, dass Frauen und Männer gleichberechtigt sind. Und dieser Wunsch nach Gleichberechtigung lässt sich aus der Bibel ableiten. In der Schöpfungsgeschichte heißt es: „Lasst uns Menschen machen als unser Abbild, uns ähnlich." Und weiter: „Gott schuf also den Menschen als sein Abbild; als Abbild Gottes schuf er ihn. Als Mann und Frau schuf er sie." (Genesis 1, Vers 26 + 27).

Wenn die Frau also ebenso Abbild Gottes ist, wie der Mann ein Abbild Gottes ist, warum macht die kath. Kirche hier einen Unterscheid zwischen Männern und Frauen? Wie lässt sich die Ausgrenzung der Frauen, oder fragen wir etwas weicher, wie lässt sich die Ab- bzw. Ausgrenzung der Frauen innerhalb der kath. Kirche theologisch begründen?

Meine Herren, kirchliche Amts- und Würdenträger, gleich welchen Ranges, es genügt nicht, verbal, also mit Worten, den Frauen eine Ehrerbietung entgegen zu bringen und diesen Worten keine Taten folgen zu lassen. Dieses Worte würden mit Recht als hohl, leer und nicht wahrhaftig empfunden werden. Wann können die Frauen also damit rechnen, als gleichberechtigte Wesen, eben auch als Abbild Gottes, angesehen und behandelt zu werden? Wann steht ihnen der Zugang zu allen kirchlichen Ämtern der katholischen Kirche offen?

Es sollte hier auch bedacht werden, dass Frauen, die sich von der Kirche nicht ernst- bzw. angenommen fühlen, sich mit den kirchlichen Wertvorstellungen nicht mehr identifizieren und diese kirchlichen Wertvorstellungen folglich auch nicht an ihre Kinder weiter vermitteln werden!

Sexualität

Die Sexualität ist ein sehr großes und umfangreiches Thema. Dieses Thema beschäftigt uns mehr im kirchlichen Leben, als es vielen bewusst und lieb ist. Auch hat die Glaubwürdigkeit der lehrenden und der verkündenden Kirche sehr stark gelitten und leidet jetzt noch immer. Die öffentlich gewordenen Skandale sind hier nur der i-Punkt dieser Glaubwürdigkeitskrise.

Um dieses Thema nun besprechen zu können, möchte ich es in einzelne Untergruppen aufteilen und so Untergruppe für Untergruppe einzeln besprechen. Es ist mir durchaus bewusst, dass diese Untergruppen untereinander vernetzt sind, sich also gegenseitig beeinflussen. Aber um hier klare Aussagen treffen oder unmissverständliche Fragen formulieren zu können, werde ich dieses Thema Punkt für Punkt besprechen.

Bevor wir uns den Themen der Sexualität zuwenden, müssen wir ein Thema besprechen, was nicht direkt mit der Sexualität zusammen hängt, aber für die Frage der Moralbildung wichtig ist. Das Thema ist die Scham.

Scham

Was ist Scham? Eine einfache Frage, doch diese ist nicht so einfach zu beantworten. Denn wir kennen den Begriff Scham in zwei Versionen, die nur indirekt etwas miteinander zu tun haben. Nehmen wir zuerst den Begriff, den wir als Bezeichnung einer bestimmten Körperregion verwenden. Die Scham ist hier der Bereich des menschlichen Unterkörpers, der die Genitalien, also die Geschlechtsorgane des Menschen trägt. So werden als Schamhaare der Teil der Körperbehaarung bezeichnet, der ausgesprochen ausgeprägt, also länger als die anderen Körperhaare der Umgebung, die Genitalien umgibt und etwas oberhalb der Genitalien zum Bauch eine deutliche Grenze bildet. Dieser Begriff der Scham ist jedoch nicht Gegenstand unserer Betrachtung.

Wir wollen uns nur dem psychologischen Begriff der Scham zuwenden. Denn dieser psychologische Scham-Begriff ist bedeutsam für die Bildung eines Moralbegriffes. In der Psychologie und der Philosophie wird der Begriff Scham vom mittelhochdeutschen Begriff „schame" (Beschämung) oder gotisch „skaman sik" (sich schämen) abgeleitet. Es wird auch eine indogermanische Wurzel „skam" (sich bedecken) angenommen.

Alle Begriffe beschreiben eine Gefühlslage, in der man sich nicht wohl fühlt. Man möchte nicht da sein, sich unsichtbar machen. Weil man etwas falsch gemacht, Unwahres gesagt hat oder etwas den eigenen oder fremden Ansprüchen nicht genügt. In allen Fällen ist es eine das eigene Selbstwertgefühl herabsetzende Situation. Man fühlt sich dem Anderen gegenüber unterlegen.

Durch die Philosophie, Pädagogik (beginnend mit Rousseau „Emil oder Über die Erziehung") und Theologie wurde der Schambegriff so definiert, wie wir in heute kennen und als so gegeben akzeptieren. Wir müssen jetzt kurz innehalten und uns fragen, ob denn unser Scham-Begriff wirklich so fest steht, so dass dieser keinerlei Kritik zu unterwerfen ist. Ist er wirklich so „über jede Kritik erhaben?"

Und hier macht Rousseau etwas 1762 eine entlarvende Aussage, die von vielen Menschen heute noch so völlig unbedacht übernommen wird. Rousseau führt in seinem Werk Emil oder über die Erziehung im vierten Buch, Kapitel „Geschlechtliche Aufklärung [Scham und Schamgefühl]" folgendes aus: „Obwohl die Scham dem Menschen natürlich ist, kennen sie die Kinder von Natur aus nicht. Sie entsteht erst mit der Erkenntnis des Bösen. Wie sollen Kinder, die diese Erkenntnis nicht haben und nicht haben dürfen, ihre Wirkung, das Schamgefühl kennen? Klärt man sie über Scham und Ehrbarkeit auf, so lehrt man sie, dass es schamlose und unehrenhafte Dinge gibt, d. h. sie im Geheimen reizen, diese Dinge kennen zu lernen. Früher oder später gelingt es ihnen doch, und der erste Funke, der ihre Phantasie entzündet, beschleunigt unweigerlich den Brand ihrer Sinne. Wer errötet, ist schon schuldig. Die Wahre Unschuld kennt keine Scham."

Mir wurde heute häufiger der Begriff des „natürlichen Schamgefühls" vorgehalten, wenn mir gegenüber „moralische Haltungen" als so gegeben und damit unabänderbar bezeichnet wurden. Dieser abstruse Naturbegriff taucht in der Enzyklika „Humanae vitae" (Paul IV, 1968) sogar als Naturgesetz auf.

Wenden wir uns wieder dem Begriff Scham zu. Rousseau widerspricht sich hier selbst in seiner ersten Aussage: „Obwohl die Scham dem Menschen natürlich ist, kennen sie Kinder von Natur aus nicht." Wenn die Scham dem Menschen natürlich ist, dann muss auch den Kindern diese Scham natürlich und somit bekannt sein. Oder soll es bedeuten, dass Kinder keine Menschen sind? Wenn Kinder also Menschen sind, sie, also die Kinder, die Scham von Natur aus nicht kennen, wie kann dann die Scham natürlich sein? Dieser Widerspruch in der Aussage von Rousseau lässt sich nur lösen, wenn wir davon ausgehen, dass entweder die Kinder keine Menschen sind oder dass es zwei unterschiedliche Naturen gibt, nämlich eine Natur für Menschen (ohne Kinder) und eine Natur für Kinder. Wenn es zwei Naturen gibt, eine für Menschen und eine andere für Kinder, dann stellt sich die Frage, wie denn diese beiden Naturen miteinander auskommen. Wie grenzen sich diese Naturen gegeneinander ab und wie schaffen diese Naturen den Übergang von der einen zur anderen Natur?

Wir können diesen Unsinn in der Aussage von Rousseau nur dann auflösen, wenn wir den Naturbegriff heraus lassen. Damit verneinen wir, das Scham ein Gefühl sei, dass dem Menschen natürlich gegeben ist. Rousseau führt dann auch in den folgenden Sätzen folgerichtig und logisch aus, das Scham und die Schamhaftigkeit das Ergebnis eines Erkenntnisprozesses sei. Dieser Erkenntnisprozess wird durch Belehrung, also Erziehung, bewirkt. Alles, was ich durch Erziehung, Belehrung erfahre, was mir also angetragen wird, kann nicht aus sich heraus so gegeben sein. Erziehungsinhalte können sich ändern und somit auch der Begriff der Schamhaftigkeit. Was in einem Jahrhundert Grund für ein Schamgefühl sein kann, kann in einem anderen Jahrhundert ein normales, also nicht mit Schamgefühlen besetztes Verhalten darstellen. Als Beispiel für diese Veränderungen können wir die Mode ansehen.

Den Widersinn, also den Unsinn des Begriffes „Natürliches Schamgefühl" kann auch auf anderer Art und Weise nachgewiesen werden. Aus der Physik kennen wir die Naturgesetze. Und der Begriff Naturgesetz gehört auch nur zur Physik. Das Benutzen dieses Begriffes außerhalb der Physik, somit auch in der Theologie, führt nur zu einer Verbiegung dieses Begriffes. Der Begriff des Naturgesetzes ist auch innerhalb der Physik eigentlich falsch, weil das Naturgesetz keine Sammlung von Gesetzesnormen ist. Die Naturgesetze beschreiben feste, universal gültige und vom Menschen nicht veränderbare Reaktionen innerhalb der Physik. Ganz gleich, wann und wo ich ein Experiment mache, unter gleichen Bedingungen erziele ich stets das gleiche Ergebnis. Ob ich das Experiment heute oder morgen mache, oder in einem Jahr, bei gleichen Bedienungen erziele ich das gleiche Ergebnis. Wenn das Schamgefühl also natürlich wäre, dann müsste dieses universal gültig sein. Universal bedeutet, überall in unserem Universum, also somit auch überall auf unserer Erde.

In Amazonien, Brasilien, gibt es Indianervölker, die heute noch nach unseren Vorstellungen unbekleidet herum laufen. Ferner haben sich Männer wie Frauen die Körperhaare entfernt. Sollte eines dieser Körperhaare nachwachsen, so wird es sofort mit der Hilfe eines kleinen Stöckchens entfernt. So versucht man beim epilieren die Haarwurzeln mit auszureißen und das schnelle Nachwachsen dieser Haare zu verhindern.

Als Kleidung tragen diese Indianer einen Hüftgürtel. Auf dem Rücken besteht dieser Hüftgürtel aus mehreren Reihen dicker Kordeln. Vorne am Bauch werden diese Hüftgürtel durch einen dünnen Faden zusammengehalten. Es gibt

Indianervölker, bei denen ist eine Muschel als Bindeglied zwischen dem dünnen Faden eingebunden. Schick machen sich die Frauen und Mädchen, indem sie sich bunte Schnüre um den Hals legen. Männer und Frauen bemalen sich.

Nach unseren Begriffen sind diese Indianer nackt, weil ihre Genitalien in keiner Weise verdeckt werden. Wenn einige Europäer die Bemalung der Genitalgegend als erotisch bezeichnen, so halte ich diese Feststellung für ein europäisches Vorurteil. Denn wenn alle Frauen dieses Volkes die gleiche Körperbemalung haben, wenn ohne Ausnahme alle die gleiche Farbe benutzen, so kann ich darin keine erotische Betonung sehen. Weder wird durch diese Bemalung etwas hervorgehoben, noch etwas verdeckt. Der Schamgegend wird keine besondere Aufmerksamkeit geschenkt. Es ist Teil des Körpers und wird als solches gesehen und behandelt.

Haben diese Menschen denn keine Scham? Fühlen sie sich denn nicht nackt? Doch, auch diese Menschen haben eine Scham, ein Schamgefühl und es gibt Situationen, in der sie sich nackt fühlen. Wenn sie den Hüftgürtel nicht angelegt haben oder der Faden reißt und der Hüftgurt zu Boden fällt, fühlen sich diese Menschen nackt.

Für mich gibt es nur eine Antwort: Das Schamgefühl ist kulturell bedingt und wird durch Erziehung vermittelt. Es ist weder universal, also überall gleich gültig, noch ist es zeitlos, also wandelbar. Somit ist es nicht natürlich. Es wird also nicht von der Natur vorgegeben. Folglich, es gibt kein natürliches Schamgefühl!

Wir könnten uns andere Bereiche ansehen, wo ein Schamgefühl auftreten kann. So denke ich an unseren Eigentumsbegriff und unsere Einstellung zum Wegnehmen des Eigentums eines Anderen. Auch hier könnten wir sehen, dass dieses Schamgefühl, wenn ich einem Anderen etwas weggenommen habe und/oder ich dabei erwischt wurde, kulturell bedingt ist. Denn es gibt Kulturen, da wird der Eigentumsbegriff anders gefasst und diese Menschen sind völlig fassungslos, wenn wir ihnen unsere Vorstellung vom Eigentum aufzwingen wollen.

Die Scham, oder weswegen wir uns schämen müssen, kann somit in verschiedenen Kulturen anders geregelt sein. Wenn es ein natürliches Empfinden wäre, dann wäre dieses überall auf der Erde, also universell, gültig. Da dieses so nicht ist, kann das Schamgefühl oder die Schamhaftigkeit vom Inhalt her, also weswegen wir uns schämen müssen, unterschiedlich sein. Somit ist die Aussage vom „natürlichen Schamgefühl" unsinnig und falsch.

Das Einzige, was universell gültig ist, ist unser Verhalten, wenn wir uns schämen. Das Erröten, der gesenkte Blick, die beschlagene Sprache, also unsere körperliche Reaktion, ja die ist universal. Das was wir mit den Augen sehen können als Ausdruck des Gefühls, nur dieses ist universell.

Da der Begriff des „natürlichen Schamgefühls" aber immer nur für den Grund benutzt wird, weswegen wir uns schämen sollten, ist der Begriff vom „natürlichen Schamgefühl" Unsinn.

Nackt

Wann ist man eigentlich Nackt? Warum ist Nacktheit verboten? Wo liegt im Nacht-Sein die Bedrohung?

Hier haben wir wieder eine zuerst einfach erscheinende Frage. Wenn wir uns diese aber genauer ansehen, dann werden wir feststellen, dass diese Frage gar nicht so simpel, also gar nicht so einfach zu beantworten ist.

Den Begriff Nackt verwenden wir in zwei verschiedenen Sichtweisen. Die erste ist eine evolutionsgeschichtliche Sicht. Als Nacktheit versteht man hier, wenn das Tier und vor Allem der Mensch, seine Körperbehaarung weitgehend verloren hat. Die Körperhaare sind real nicht verloren gegangen, sie sind hier nur so kurz, dass diese kaum sichtbar sind. Diese Körperhaare sind nicht mehr in der Lage, die darunter liegende Haut vor Witterungseinflüssen zu schützen, die Haut ist sichtbar.

Warum verlor der moderne Mensch in seiner Entwicklung seine Körperbehaarung? Hierzu gibt es verschiedene Theorien, die sich aber durchaus nicht widersprechen müssen, sondern sich sogar ergänzen. Einmal wird dieses darauf zurückgeführt, dass der Mensch Fleisch in immer größerem Umfang in seine Nahrung einführte. Die hierdurch erhöhte Kalorienzufuhr hat zu einer starken Erwärmung des menschlichen Körpers geführt und so wurden die wärmenden Haare immer mehr verkürzt.

Eine andere Theorie geht von einem Selektionsvorteil beim Menschen aus. Relativ spät in der menschlichen Entwicklung hat sich dieses Auswahlkriterium als günstig für das Überleben erwiesen. Mit der Verkürzung der Körperbehaarung und der Ausbildung von Schweißdrüsen erhielt der Mensch einen Vorteil bei der Verfolgung seiner tierischen Beute. Der Schweiß, der aus den Drüsen austritt und sich über die Haut legt, kühlt diese Haut ab (Verdunstungskühlung). Das Tier erwärmte sich bei der Flucht und musste stehen bleiben, um sich Kühlung zu verschaffen. Der Mensch konnte dem Tier ungehindert nachstellen, denn sein Körper kühlte sich durch das Schwitzen im Laufen ab, der menschliche Körper überhitzte sich also nicht zu sehr bzw. so schnell.

Somit bleibt festzustellen, die Nacktheit des Menschen ist das Ergebnis eines natürlichen Auswahlprozesses (evolutionärer Prozess).

Aus kulturhistorischer Sicht wird gesagt, dass der Mensch, der ursprünglich nackt war, sich mit Kleidung vor den Unbilden der Natur schützen wollte. Sei es als Schutz vor Kälte oder Nässe; sei es als Schutz vor Dornen, Nesseln oder dergleichen. Später hat sich aus der Schutzkleidung ein Statussymbol herausgebildet. Die Kleidung schütze den Kleidungsträger nun nicht mehr alleine vor den Unbilden der Natur, sie dient als Zeichen der eigenen gesellschaftlichen Stellung. Man grenzte sich von den Anderen damit ab.

Kleidung diente auch zur Zierde des Trägers. Man schmückte sich mit ihr und so entstand die Mode. Die

Abgrenzung erfolgte durch die Mode nicht mehr nach den gesellschaftlichen Stellungen, sondern jetzt auch innerhalb der gesellschaftlichen Gruppen.

Diese Mechanismen haben sich so verfestigt und verselbständigt, dass das Tragen von Kleidung als solches und Kleidung in seiner Machart (Rock, Hose, Hemd, etc.) zu einem Muss wurde. Das Tragen der Kleidung wurde zu einer moralischen Notwendigkeit, ebenso die Machart der Kleidung. Denn es gab plötzlich Kleidung, die unschicklich, also unmoralisch war.

Dieser so als kulturelles Gut angesehene Kleidungszwang wird heute sehr stark angezweifelt. Hier sei nur die Nudistenbewegung (FKK) genannt, die sich nach dem ersten Weltkrieg in Europa bildete und heute nahezu weltweit ihre Anhänger hat. Innerhalb der Naturistenbewegung gibt es verschiedene Argumentationen für ihre Haltung. „Alle Menschen werden Nackt geboren!", „Zurück zur Natur", „Die Natur wieder ursprünglich erleben!" oder „Nackt sind alle Menschen gleich!" Kleidung als kulturelles Gut wird somit nicht akzeptiert.

Von Gegnern der FKK-Bewegung wird ausgeführt, dass durch die Nacktheit eine Gefährdung ausgehe. Namentlich wird eine sexuelle Enthemmung befürchtet und postuliert. Gerade der Nachweis einer sexuellen Enthemmung wurde von diesen Gegnern bislang nicht erbracht. Die Nacktheit als solches hat also keinen Einfluss auf das sexuelle Verhalten der Bevölkerung.

Ich persönlich konnte kurz nach der Wende in Sachsen beobachten, wie an einem Badesee die Anhänger der FKK-Bewegung und die „normalen" Badegäste miteinander umgingen. Es gab keinerlei Spannungen untereinander, obgleich die Nackten und die Angezogenen die gleiche Liegewiese benutzten. Keiner von beiden Seiten hatte überhaupt das Bedürfnis, den Anderen zu „bekehren". Man lag nebeneinander, so ob alle bekleidet oder eben nicht bekleidet seien.

Warum ist Nacktheit verboten? Nun, die Nacktheit wurde als ein Angriff auf die öffentliche Ordnung angesehen. Die Nackten demonstrierten ja eine Form von Freiheit. Frei von gesellschaftlichen Zwängen, die als nicht natürlich, also als nicht so von der Natur vorgegeben betrachtet wurden. Und alles, was der Staat nicht kontrollieren konnte, war dem Staat suspekt, also verdächtig.

War die Angst des Staates begründet, dass die Nackten eine Gefahr für die öffentliche Ordnung darstellen? Im Prinzip nicht. Die freiheitlich demokratische Grundordnung der Bundesrepublik wurde und wird von der FKK-Bewegung nicht gefährdet. Wenn man so möchte, kann man jedoch feststellen, dass die FKK-Bewegung in der DDR dazu führte, sich gegen die erzwungene staatliche Ordnung auflehnte. Die Bürger der DDR lernten hier nämlich zum ersten Male, dass die staatlichen Ordnungsorgane keine unbeschränkte Macht haben, man sich ihr also widersetzen konnte.

Warum spricht sich die Kirche so vehement gegen die Nacktheit aus? Hier muss man feststellen, dass der Widerstand der Kirche gegen das Nacktsein sich biblisch nicht begründen lässt. Wir brauchen uns nur in der Geschichte umzusehen und können feststellen, dass für die Kirche das Nacktsein kein Problem darstellte.

Erst nach Rousseau wurde in der Kirche die Meinung vertreten, das Nacktsein eine Sünde sei und somit unmoralisch. Dieses führte sogar soweit, das in den Lehrbüchern und Ratgebern des auslaufenden 19. und beginnenden 20. Jahrhunderts die Meinung vertreten wurde, man dürfe seine eigene Blöße nicht sehen. Wenn man beim Baden schon keine Kleidung trüge, dann müsse man Sägespäne auf das Wasser streuen, um sich vor dem Anblick der eigenen Blöße zu schützen. Und beim Umziehen solle man sich beeilen und dabei aber seine Scham nicht anschauen.

Nacktheit und Sünde, lässt sich dieses biblisch belegen? Mit fällt jetzt nur eine Situation ein, die hier genannt werden kann.

Und dieses ist die Vertreibung aus dem Paradies. Wir erinnern uns, im Paradies war es Adam und Eva freigestellt, von allen Früchten des Feldes und des Waldes zu essen. Lediglich vom Baum der Erkenntnis durften sie nichts nehmen. Eva hat sich von der Schlange verleiten lassen, vom Baum der Erkenntnis zu essen und hat Adam ebenso überreden können, ebenfalls vom Baum der Erkenntnis zu essen. Allgemein wird diese Frucht als Apfel bezeichnet.In Gen 3, Vers 7 heißt es dann: „Da gingen beiden die Augen auf und sie erkannten, dass sie nackt waren." Das Übertreten eines Gebotes, also der Sündenfall, führte zur Erkenntnis, dass sie nackt waren. Dieses bedeutet, dass sie es vorher auch waren, dieses aber als solches nicht bemerkten.

Ist so etwas realistisch? Kann ich ein und denselben Zustand einmal als solches erkennen und ein andermal nicht? Ja, so etwas ist realistisch. Betrachten wir doch unseren kleinen Kinder. Die haben noch keine Beziehung zur Kleidung. Wenn man sie lässt, dann ziehen sie sich aus, wenn es ihnen zu warm ist und sie ziehen sich wieder an, wenn es ihnen kühl wird. Sie haben keine Beziehung zum Nacktsein. Wie lange dieser zustand andauern kann, hat mir einmal ein 6-jähriges Mädchen im Urlaub vorgeführt. Ich war mit meiner Familie an einem Badesee. Da kam dieses Mädchen mit ihrem Vater von einer Wanderung zurück. Weil es eben sehr heiß war, sollte das Kind sich im See abkühlen. Es zog sich auch aus, bis auf das Unterhemd. Als ihr Vater sagte, sie möge doch das Unterhemd ausziehen, bevor sie ins Wasser ginge, Badesachen hatten sie jedoch nicht dabei, antwortete das Mädchen: „Nein, nackig gehe ich nichts in Wasser!" Um nicht nackig zu sein, musste man also nur ein Kleidungsstück anbehalten. Welches war dann völlig gleichgültig.

Zurück zur Bibel. In der Geschichte vom Sündenfall treffen gleich mehrere Aspekte aufeinander. Der erste Aspekt ist das Übertreten eines Gebotes. Der zweite ist das Bewusstwerden der eigenen Handlung. Als dritter Aspekt kommt hier das Schamgefühl hinzu, nämlich Adam und Eva verstecken sich, als sie Gott kommen hörten. Somit setzt die Schamhaftigkeit die Fähigkeit zum Erkennen der eigenen Handlung voraus.

Für mich stellt sich die Frage, was ist hier mit der Erkenntnis der Nacktheit gemeint? Ist hier wirklich nur der Zustand des Vorhandseins oder eben des Nicht-Vorhandenseins von Kleidung gemeint? Müssen hier der ganze Körper oder nur bestimmte Teile des Körpers mit Kleidung bedeckt sein? Oder ist hier nicht etwas anderes gemeint?

In der Schule hatte ich noch gelernt, Gott hat die Welt erschaffen und der Mensch hat die ihm gegebene Ordnung übertreten. Dieses war der Sündenfall und dieses wird als Erbsünde bezeichnet.

Nach dem II. Vatikanischen Konzil kam 1966 der so genannte holländische Katechismus heraus. Im Kapitel über die Sünde (S. 292 ff.) wird dieses starre Bild von der Erschaffung der Erde aufgelöst und dem Stand der modernen Wissenschaft angepasst. Es wird hier nicht einem unreflektierten Modernismus nachgegeben. Es wird schon aufgezeigt, dass die Botschaft an dem allgemeinen Wissenstand der Menschen angepasst werden muss. Aus dem statischen Bild der Weltentstehen, also der Schöpfung, wurde ein dynamisches Bild der Evolution. Der Ursprung der Sünde hängt mit der Freiheit des Menschen zusammen.

Für mich bedeutet dieses: Wenn ich also die Wahl zwischen zwei Wegen habe, dann kann ich mich auch für den falschen Weg entscheiden, auch wenn ich weiß, dass dieser Weg falsch ist. Sünde setzt also voraus, dass ich die Wahl habe, zwischen dem guten und dem Bösen. Und ich entscheide mich für das Böse im Wissen, dass dieses das Böse ist.

Ich sehe heute den Begriff der Erkenntnis von der Nacktheit in der Bibel anders. Auch sehe ich mich durch die Beobachtungen der Entwicklung von Kleinkindern bestätigt. In Gen 3, Vers 6 + 7 heißt es: „Sie nahm von seinen Früchten und aß; sie gab auch ihrem Mann, der bei ihr war, und auch er aß. Da gingen beiden die Augen auf und sie erkannten, dass sie nackt waren." Für mich beschreibt dieses das

Menschwerden des Menschen als ein Prozess der Bewusstseinswerdung. Im Urzustand begreift der Mensch sich als ein Bestandteil der Natur. Er ist ein Teil des Ganzen, kein Individuum. Er stellt keine eigene Persönlichkeit dar und sieht sich also selbst nicht als solches. Er ist, wie alles in seiner Umgebung, Teil der Natur. Als er zur Erkenntnis kommt, sieht er zum ersten Male sich selbst. Jetzt ist er in der Lage, sich von der Natur abzugrenzen. Sein Körper nimmt folglich Gestalt an. Und das, was er sieht, ist völlig ursprünglich. Der Mensch stellt jetzt nicht nur fest, dass er einen Körper hat, der sich von seiner Umgebung angrenzt, sondern er kann jetzt selbst Grenzen erkennen. Und er stellt fest, dass sein begrenzter Körper Mängel hat. Und diese Mängel versucht er auszugleichen.

Bei einem Kleinkind können wir sehen, dass es zuerst sich selbst als Bestandteil seiner Umgebung sieht. Es lernt erst Zug um Zug sich von seiner Umgebung abzugrenzen. Es lernt so langsam, seinen Körper als solches und später als seines zu erkennen und zu beherrschen. In dem Maß, in dem es seinen Körper erkennt, erkennt es auch die Körper seiner Umgebung. Es lernt zu unterscheiden.

Diese Nacktheit des Menschen ist nicht ein Fehlen von Kleidung. Es ist die Feststellung seiner Triebarmut. Und diese Triebarmut ist die Grundlage der Freiheit. Denn als der Mensch von seinen Trieben gesteuert wurde, hatte er keine Freiheit. Er konnte nur das ausführen, was seine Triebsteuerung ihm vorgab. Nackt sein bedeutet jetzt hier, nicht über die Triebe zu verfügen, die mir mein Handeln vorgeben. Ich muss jetzt selbst entscheiden, was und wann ich es tue.

Kann den der Begriff der Nacktheit hier etwas mit dem Triebbegriff zu tun haben? Ist das nicht zu weit hergeholt? Ich denke nicht. Bedenken wir nur, wie unsicher wir uns fühlen, wenn wir etwas Neues gelernt haben und wir dieses neu gelernte anwenden sollen. Fühlen wir uns nicht wohler und sicherer, wenn wir es einige Male erfolgreich durchgeführt haben? Werden wir dann nicht sicherer? Und genauso verhält es sich mit der Kleidung. Wenn wir uns Nackt empfinden, fühlen wir uns unwohl und unsicher. Haben wir die richtige Kleidung an, ja dann fühlen wir uns sicher und geborgen.

Der Sündenfall beginnt für mich erst später. In der Bibel (Gen. 3 Vers 12 -13) heißt es: „Adam antwortete: die Frau, die du mir beigestellt hast, sie hat mir vom Baum gegeben und so habe ich gegessen. Gott, der Herr, sprach zu der Frau: Was hast du getan? Die Frau antwortete: Die Schlange hat mich verführt und ich habe gegessen."

Für mich liegt hier erst der Sündenfall. Denn hier hat der Mensch die Erkenntnis, etwas Falsches getan zu haben, und übernimmt hierfür nicht die Verantwortung. Diese Neigung, nicht für sein Handeln nicht verantwortlich zu sein, ist in der heutigen Gesellschaft besonders ausgeprägt. Und dieses halte ich für die Erb- oder Ursünde. Für mich wäre es sehr interessant zu erfahren, wie die lehrende Kirche mit ihren forschenden Theologen dieses sieht und wie die Erkenntnisse der Forschung von der verkündenden Kirche umgesetzt, also bekannt gegeben wird.

Die Geschichte vom ersten Sündenfall gibt noch einen zusätzlichen Aspekt, der bislang keine Beachtung fand. Ich will jetzt das Thema der Feministischen Theologie nicht wieder aufgreifen. Ich denke jetzt eher daran, dass die Bibel hier im Einklang mit den Ergebnissen der modernen Verhaltensforschung steht. Es ist die Tatsache, dass Verhaltensänderungen immer erst von den Weibchen ausprobiert werden und die Männchen sich hier grundsätzlich abwartend, also konservativ, verhalten. Kann diese Erkenntnis dazu führen, dass die Rolle der Frau in der Kirche auch unter diesem Aspekt überdacht und neu bestimmt wird?

Kindliche Sexualität

Es gibt viele, die die Meinung vertreten, Kinder hätten keine Sexualität. Sie lebten also ohne jegliche sexuelle Impulse. Dieser als paradiesisch beschriebene Zustand solle so lange wie eben möglich angehalten werden. Jegliche sexuelle Informationen müssten daher von den Kindern ferngehalten werden.

Sind Kinder wirklich asexuelle Wesen, also Wesen, ohne jegliche sexuelle Impulse? Freud hat mit diesem Irrtum aufgeräumt und nachgewiesen, dass Kinder sehr wohl sexuelle Wesen seien. Kinder also auch über sexuelle Impulse verfügen.

Wir sehen kleine Kinder an ihren Genitalien spielen. Jungen ziehen ihr Glied lang und Mädchen stecken ihren Finger in die Scheide hinein. Unsere Erziehung greift hier sehr schnell ein und vermittelt den Kindern die Botschaft, dass sie dieses nicht tun möchten. Es sei unschicklich.

Wir müssen hierbei aber beachten, die Sexualität der Kinder unterscheidet sich wesentlich von der Sexualität der Erwachsenen. Die Sexualität der Kinder ist noch nicht zweckgerichtet. Sie ist also noch nicht auf den sexuellen Kontakt mit einem Partner ausgerichtet. Sie ist vielmehr ein Instrument zum Abbau innerer Spannungen. Dient daher der eigenen Beruhigung. Des Weiteren dient sie auch zum Kennen lernen des eigenen Körpers. Es dauert eine ganze Zeit, bis das Kind feststellt, das Jungen und Mädchen anders gebaut sind. Aber diesem Unterschied wird keinerlei Bedeutung beigemessen.

Die kindliche Sexualität sollte weder verneint noch als Unschuld verniedlicht werden. Sie stellt auch keine unreife Sexualität dar, weil ihr die Eigenschaft der Ausrichtung auf ein sexuelles Gegenüber, also auf einen sexuellen Partner fehlt.

Pubertät

Wir sollten jetzt erst einmal inne halten und uns die Frage stellen, was ist eigentlich die Pubertät? Was passiert in der Pubertät? Diese Frage beschäftigt viele Eltern erst, wenn ihre Kinder richtig in der Pubertät stecken, sie ihre Kinder nicht mehr verstehen und ratlos sind. Die Erinnerung an die eigene

Pubertät ist meistens verblasst. Die Kinder bzw. Jugendlichen wissen auch nicht, was eigentlich los ist. Es ist alles nur so schwierig.

Was ist eigentlich die Pubertät? Was passiert in der Pubertät? Nun, das sind wiederum Fragen, die sich so einfach anhören. Wir alle haben die Pubertät mehr oder weniger gemeistert. Es scheint ein Entwicklungsprozess zwischen dem Kindesalter und dem Erwachsenen-Sein zu sein. Ja, die Kinder entwickeln sich und werden erwachsen. Augenscheinlich fällt in diese Zeit auch die sexuelle Entwicklung. Das Erwachen der Sexualität.

In der Pubertät findet ein grundsätzlicher Wandel statt. Wir haben schon gesehen, dass das Kind am Beginn seines Lebens sich als Bestandteil der Natur erlebt. Im Alter von etwa 3 Jahren entdeckt das Kind seine eigene Persönlichkeit. Wir nennen diese Phase die Trotzphase, denn das Kind sagt hier zum ersten Male mit voller Überzeugung: „Nein". Dies Abgrenzung von der Natur führt zur Entwicklung einer eigenständigen, wenn auch kindlichen, Persönlichkeit.

In der Pubertät vollzieht sich jetzt ein Umbruch. Das ganze kindliche Wert- und Orientierungssystem bricht zusammen. Der Jugendliche muss jetzt ein neues Orientierungs- und Wertesystem aufbauen. Dieser Umbau findet auch hirnorganisch statt. Nervenzellen lösen bestehende Verbindungen und binden neue zu zusammen. Das Gehirn wird umgeschaltet. Da diese Umschaltungen nicht auf einen Schlag geschehen, sondern Zug um Zug, kommt es bei dem Jugendlichen immer wieder zu Irritationen. Die Erwachsenen erleben dieses als Sprunghaftigkeit. Der Jugendliche ist im höchsten Maße verunsichert. Eine Mutter beschrieb mir diese Zeit so, dass die Kinder dann weder Tischtuch noch Serviette seien. Viele Jugendlichen verstehen die Welt und sich selbst nicht mehr. Teilweise erleben sie selbst diese Sprunghaftigkeit und können sich dieses nicht erklären.

In diese höchst unsichere Entwicklungsphase fällt jetzt nicht das Erwachen der Sexualität. Denn wir haben schon gesehen, dass die Kinder auch über eine Sexualität verfügen. Nun erhält diese kindliche und nicht zielgerichtete Sexualität eine Ausrichtung. Nämlich die Ausrichtung auf einen Partner. Genauer, auf einen Sexualpartner. Um diese Ausrichtung vornehmen und den Anforderungen einer Partnerschaft genügen zu können, muss sich das gesamte Sexualsystem, körperlich wie geistig, auf diese neue Situation vorbereiten und einstellen.

Welche Hilfestellung gibt die Kirche den Jugendlichen und den Eltern? Welche Werte vermittelt die Kirche? Gibt es nur Gebote und Verbote? Sind es nicht gerade diese Gebote und Verbote, an der sich viele Vertreter der Kirche selbst nicht halten?

In einer säkularisierten Welt finden viele Menschen, und gerade die verunsicherten Menschen, keine Werte, an denen sie sich orientieren können. Sie suchen nach Ratschlägen, wie sie diese ihre Krise meistern und bestehen können. Sie suchen ein Weltbild, welches ihnen Orientierungshilfen und Sicherheit gibt. Sie suchen einen Platz, wo sie sich von den Strapazen dieser pubertätsbedingten Auseinandersetzungen erholen können. Wo sie Kraft schöpfen können, um den Belastungen des Lebens standhalten zu können. Bietet die Kirche ihnen wirklich diesen Raum? Hat die Kirche Werte, die sie diesen Menschen vermitteln kann? Hat die Kirche die Sprache, um diese ihre Wertevermittlung glaubhaft leisten, Trost und Sicherheit spürbar spenden zu können?

Kindern und Jugendlichen, die sich gerade in einer Auseinandersetzung mit der Autorität befinden, die einen gleichberechtigten Platz in der Gesellschaft suchen, kann man nur mit Geboten und Verboten nicht erreichen. Sie hinterfragen den Sinn der Gebote oder Verbote. Sie hinterfragen oft mehr, als sie verstehen. Ja, häufig mehr, als sie verstehen wollen. Sie wollen ihre eigenen Grenzen erleben und sich von den fremd gesetzten Grenzen trennen. Sie wollen ihre eigenen Grenzen bestimmen und sich nicht mehr sagen lassen, wo die Grenzen liegen.

Verfügt die Kirche über heute vermittelbare Ideale? Ideale, die einerseits die Freiheit versprechen und gleichzeitig die Grenzen der Freiheit deutlich werden lassen. So, dass diese verstanden und akzeptiert werden können? Verfügt die Kirche über eine Sprache, mit der sie diese jungen Menschen erreichen kann?

Wenn man diese Frage bejahen will, dann bitte, wo sind diese jungen Menschen? Warum sieht man sie nicht mehr in der Kirche?

Onanie oder Masturbation

Unter dem Begriff der Onanie bzw. der Masturbation versteht man, wenn jemand sich selbst durch Manipulationen an den Geschlechtsorganen in eine sexuelle Erregung versetzt. Das Erreichen des sexuellen Höhepunktes, der Orgasmus, muss dabei nicht erreicht werden. Ziel ist hier die sexuelle Stimulation und das Erreichen einer sexuellen Befriedigung. Weil man sich selbst stimuliert, spricht man auch von der Selbstbefriedigung.

In meiner Jugendzeit unterschied man noch zwischen der männlichen und weiblichen Selbstbefriedigung. Die weibliche Selbstbefriedigung war zwar nicht schicklich, glaubte man doch, dass durch die Selbstbefriedigung der Frau ihr Interesse an einen Mann gemindert und so die Bereitschaft zum Zeugungsakt bei der Frau gemindert oder gar gefährdet würde.

Die männliche Selbstbefriedigung war jedoch eine Sünde und wurde verteufelt. Und warum wurde sie als so verabscheuungswürdig angesehen? Erinnern wir uns, dass wir unter dem Thema einer feministischen Theologie schon festgestellt haben, dass man lange Zeit glaubte, das männliche Sperma sei schon der Korn des Lebens, der nur in der Frau, den Acker, abgelegt werden müsse, um dann zum neuen Leben, zum neuen Menschen, heranzuwachsen. Wenn nun dieses Sperma, dieser „Samen", nicht in der Frau abgelegt würde, dann würde man das neue Leben nicht nur verhindern, man würde ein bestehendes Leben zerstören. Moralisch war jegliche männliche Selbstbefriedigung, bei der es zum Samenerguss kam, einem Mord gleichzusetzen.

Auch wurde gesagt, dass es schon in der Bibel stehe, dass die Onanie von Gott verboten worden sei. Stimmt diese Aussage? Im Buche Genesis wird im Kapitel 38 die Familiengeschichte Judas erzählt. Uns interessieren hier die Verse 8 bis 10. Dort wird erzählt, das Onan nach dem Tod seines Bruders den Auftrag erhielt, mit seiner Schwägerin den Geschlechtsakt zu vollziehen und so seinem verstorbenem Bruder Nachkommen zu verschaffen. Im Buch Genesis, Kapitel 25, Vers 5 bis 10 wird ausgeführt, dass der Bruder verpflichtet sei, nach dem Tod seines Bruder mit seiner Schwägerin den Geschlechtsakt zu vollziehen und diese Kinder würden seinem Bruder gehören und als Nachkommen seines Bruders gewertet. Sozialpolitisch sollte somit die Witwe auch im Alter durch ihre Kinder versorgt werden können. Wenn sie nun keine Nachkommen hat, dann ist ihre Versorgung im Alter nicht gesichert.

Kommt Onan nun dieser seiner Verpflichtung nach? Nein. Denn er geht zwar zu seiner Schwägerin und vollzieht den Geschlechtsakt mit ihr. Aber kurz vor dem Erguss beendet er den Geschlechtsakt und sein Sperma ergießt sich also außerhalb der Frau. Und wegen dieses Frevels wird er mit dem Tode bestraft.

Dieser Vorgang stellt nun keine Selbstbefriedung dar. Denn hier wird der Geschlechtsakt zwar begonnen, aber kurz vor seiner Erfüllung, dem Erguss des Spermas, abgebrochen. Diesen Vorgang nennt man „Coitus interruptus".

Der Name Onan stand nun Pate für den Ausstoß des Samens beim Mann, wobei dieser sich jedoch nicht in einer Frau ergoss. Und hier muss jetzt festgestellt werden, dass diese Begriffsbeziehung zwischen einer Selbstbefriedigung und eines Coitus interruptus falsch ist. Beides sind völlig unterschiedliche Sachverhalte. So wie Äpfel und Birnen nicht dasselbe sind, auch wenn beides zum Kernobst zählt. Folglich sollte der Begriff der Onanie für die Masturbation nicht mehr verwand werden.

Ein göttliches Verbot für die Selbstbefriedigung kann also aus der Geschichte Onan im alten Testament nicht abgeleitet werden. Mir ist eine andere Geschichte gegen die Selbstbefriedigung in der Bibel nicht bekannt. Gibt es eine solche Geschichte in der Bibel? Wenn ja, wo?

Es geistert immer noch die „Erkenntnis" eines englischen Arztes herum, der nach Rousseau ein Büchlein gegen die Selbstbefriedigung schrieb. Er erklärte, dass die Selbstbefriedigung den Mann um den Verstand bringen würde und aus medizinischer Sicht sehr gefährlich und daher zu unterlassen sei. Nun, was ist dran, an dieser Aussage? Kurz und bündig, nichts! Alles dummes Gerede, welches jeglicher wissenschaftlicher Grundlage entbehrt. Selbst eine intensiv betriebene Selbstbefriedigung hat keine Auswirkung auf die geistige Verfassung desjenigen, der diese Selbstbefriedigung betreibt. Diese Aussage von der Gefahr der Verblödung durch die Selbstbefriedigung ist also dummes Geschwätz und sollte schnell vergessen werden.

Die moderne Sexualforschung zeigt vielmehr, dass die Selbstbefriedigung durchaus eine sinnvolle Tätigkeit ist. Sie dient zu Einem dem Training des gesamten eigenen Sexualsystems. Jeder erfährt so, wie sein eigenes Sexualsystem funktioniert und er kann sich dann sich besser auf seinen Sexualpartner einstellen. Zum anderen führt die Selbstbefriedigung beim Manne dazu, dass das Sperma nicht altert. Beim Sexualakt mit einer Frau übergibt er dann immer junges und gesundes Sperma. Dieses führt dann zu einer höheren Befruchtungschance und sei damit für die Fortpflanzung nur von Vorteil.

Behält die Kirche ihre ablehnende Haltung gegenüber der Selbstbefriedigung oder überdenkt sie ihre Haltung zur Selbstbefriedigung? Hält die Kirche ihre Behauptung aufrecht, die Selbstbefriedigung sei von Gott nicht gewollt, obgleich die Geschichte Onan aus dem Buch Genesis genau dieses nicht belegt? Wenn die Geschichte Onan gegen die Selbstbefriedigung nicht herangezogen werden kann, welche Bibelstelle soll dieses dann belegen? Wieweit oder wann berücksichtigt die Kirche die Ergebnisse der modernen Forschung, insbesondere die der Sexualforschung?

Moralische Vorgaben muss es geben. Denn auch hier gilt es, dass es nicht auf die Sache alleine ankommt, sondern auf die Art und Weise, wie diese betrieben wird. Eine Selbstbefriedigung, die so betrieben wird, dass sie zu einer partnerschaftlichen Beziehung nicht mehr befähigt, wäre abzulehnen. Dann würde die Sexualität nur noch zu einer Funktion, zur Abreaktion von Triebimpulsen, verfremdet. Denn Sexualität ist, wie wir noch sehen werden, auf einen Partner ausgerichtet. Und diese Ausrichtung sollte und muss erhalten bleiben.

Moralische Normen, auch die der Sexualmoral, sollten das Verhalten des Menschen eingrenzen. Diese Grenzen sollten aber nicht nur allgemein verständlich sein. Sie müssen auch richtig begründet werden, damit sie von der Allgemeinheit akzeptiert und befolgt werden kann.

Sexualität der Erwachsenen

Spätestens in der Pubertät wird dem jungen Menschen deutlich, in welche Richtung sein sexuelles Interesse geht. Dieses kann für ihn auch heute noch sehr problematisch sein. Wir wollen uns hier nur mit den beiden Hauptrichtungen beschäftigen, wenngleich die Problemlage der Intersexuellen, der Zwitter und dergleichen für den betreffenden Menschen auch sehr Schwierig ist. Auch hier verhalten wir uns, die von dieser Problemlage nicht betroffen sind, in der Regel falsch. Falsch, weil uns diese Problemlage nicht bekannt ist und weil wir damit nicht umgehen können. Aber dieses sind so spezielle Problemlagen, die einer besonderen Betrachtung

48

bedürfen und den Rahmen dieser Betrachtrungen und Fragen hier sprengen würden.

Die beiden sexuellen Interessensgebiete, denen wir uns hier zuwenden wollen, sind die Hetero- und die Homosexualität. Unter dem Begriff der Heterosexualität versteht man das gegengeschlechtliche Interesse. Also ein Mann interessiert sich für eine Frau oder eine Frau interessiert sich für einen Mann. Die geschlechtlichen Merkmale einer Frau unterscheiden sich wesentlich von denen eines Mannes. Jedoch ergänzen sich diese und stellen im Zusammenspiel die Fortpflanzung und über diese den Erhalt der Art sicher. Unter der Homosexualität versteht man ein gleichgeschlechtliches Interesse. Also, eine Frau interessiert sich für eine Frau oder ein Mann für ein Mann. Hier tragen beide Sexualpartner die gleichen sexuellen Merkmale. Eine Fortpflanzung ist hier nicht möglich, weil das gegengeschlechtliche Merkmal fehlt. Wir werden in unserer Betrachtung jetzt auch nicht zwischen der weiblichen und der männlichen Homosexualität unterscheiden, obgleich dieses lange von erheblicher Bedeutung war. Dieses werden wir kurz besprechen, wenn wir uns mit dem Thema der Homosexualität beschäftigen.

Heterosexualität

Wir haben eben in der kurzen Begriffsbestimmung festgestellt, dass die Heterosexualität die sexuelle Begegnung von gegengeschlechtlichen Partnern ist. Aus der Vielzahl der möglichen sexuellen Begegnungsformen wollen wir uns auf die Begegnungsform beschränken, bei der ein heterosexuelles Paar aufeinander trifft. Also, wir betrachten nur die sexuellen Begegnungsformen, in der eine erwachsene weibliche Partnerin auf einen erwachsenen männlichen Partner trifft.

Sehen wir uns nun an, wie so ein Aufeinandertreffen heterosexueller Partner stattfindet. Es gibt viele Anlässe, die zu einem Zusammentreffen zweier Menschen führen. Entweder trifft man sich häufiger und mit der Zeit entwickelt sich ein Interesse füreinander. Oder man ist beim ersten Zusammentreffen wie „vom Blitz" getroffen und findet sich interessant. In der Regel folgen einige Treffen, bei denen man sich näher kennen lernt. Es entwickelt sich ein tiefer gehendes Interesse, dass man jetzt Liebe nennt. Und dann kommt der Zeitpunkt, wo diese Liebe ihre Erfüllung sucht. Erfüllung findet diese Liebe unter anderem in der geschlechtlichen Vereinigung, in dem „Eins-Werden". Und hier setzt die Kirche Hürden, moralische Grenzen.

Mir wurde in der Schule noch beigebracht, dass sexuelle Handlungen, gleich ob man diese an sich selbst vornimmt (Selbstbefriedigung) oder von Anderen vornehmen lässt oder man bei Anderen ausführt (Vollzug des Geschlechtsaktes) grundsätzlich verboten sei. Als einzige Ausnahme sei der sexuelle Geschlechtsakt in der Ehe zugelassen. Dieser müsse dann aber unter dem Vorsatz der Zeugung neuen Lebens stehen. Fehle dieser Vorsatz der Zeugung neuen Lebens, sei ein Geschlechtsakt auch innerhalb der Ehe unzulässig.

In den Kapiteln 12 (Untrennbarkeit der beiden Gesichtspunkte: liebende Vereinigung und Fortpflanzung) und 13 (Treue zum Schöpfungsplan Gottes) hat Papst Paul VI. am 25. Juli 1968 in seiner Enzyklika „Humane vitae" dieses als Haltung des kirchlichen Lehramtes bestätigt.

Diese, von vielen Menschen, um nicht zu sagen von nahezu allen Menschen, als sexualfeindlich eingestufte Haltung wird als ein göttliches Gesetz (Kapitel 20, Enzyklika Humane vitae) bezeichnet. Wie begründet sich dieses göttliche Gesetz? Wo in der Bibel wird von diesem göttlichen Gesetz gesprochen?

Hält die von Papst Paul VI. geäußerte Meinung einer kritischen Überprüfung stand? Wir wollen diese Überprüfung über mehrere Wege vornehmen, die in keiner direkten oder indirekten Beziehung zueinander stehen. Nur so kann vermieden werden, dass Ergebnisse einer Prüfung andere Prüfergebnisse beeinflussen oder gar bedingen.

Die Frage lautet: Besteht zwischen der liebenden Vereinigung und der Fortpflanzung eine untrennbare

Beziehung? Genauer: Ist der Vollzug des Geschlechtsaktes (der liebenden Vereinigung) untrennbar mit der Fortpflanzung verbunden?

Biologisch gehören wir Menschen zu den Primaten. Also sehen wir uns eine andere Art bei den Primaten an und wollen sehen, ob diese Aussage auch hier zutrifft. Verhaltensforscher haben bei den Bonobos eine interessante Entdeckung gemacht. Die Bonobos, Zwergschimpansen aus Afrika, zeigen im Bereich der Sexualität ein auffälliges Verhalten. Sexualität wird dort nicht nur für die Fortpflanzung eingesetzt, sondern auch zum Aggressionsabbau. Wenn in der Gruppe Spannung entstanden ist, wird diese nicht durch einen Streit abgebaut, sondern durch Sexualität. Ziel ist hier also nicht die Fortpflanzung. Ziel ist hier die Beruhigung der Gruppe, das Stiften von Frieden in der Gruppe. Somit wird die Sexualität hier als ein soziales Mittel zum Erhalt der Gruppe eingesetzt. Die sexuelle Handlung kann hier nicht als eine Reaktion des Sexualtriebes, als ein sexuelles abreagieren angesehen werden. Es ist ein bewusst sozial eingesetztes Verhalternsmuster. Hier agiert auch jeder mit jedem, gibt es also auch keine Rangfolge, wer mit wem einen Sexualkontakt haben darf.

Ich höre schon den Einwurf: „Das sind doch Affen! Ich könne doch bitte nicht allen Ernstes des Verhalten von Tieren auf Menschen beziehen!" Hier kann ich nur sagen: „Ja, es sind Affen. Darum ist das Verhalten dieser Tiere nicht durch die menschliche Zivilisation bedingt. Wir beide, die Affen und die Menschen, gehören zur Gruppe der Primaten. Wenn auch nicht unbedingt direkt, so zeigt uns doch die moderne Forschung viele Ähnlichkeiten. Aus dem Verhalten der anderen Primaten können wir heute Rückschlüsse auf das Verhalten der Urmenschen schließen."

Wichtig an dieser Beobachtung bei den Bonobos ist die Tatsache, dass die Sexualität nicht einseitig auf die Fortpflanzung ausgerichtet sein muss. Sie kann also auch soziale Aufgaben übernehmen. Hieraus lässt sich der Rückschluss ziehen: Die Sexualität, zumindest bei den Primaten, ist nicht einseitig auf die Fortpflanzung ausgerichtet. Die Sexualität kann auch soziale Funktionen übernehmen.

Wenn die Sexualität nicht nur auf die Fortpflanzung ausgerichtet ist, die Sexualität also mehrere Funktionen hat, dann ist die Untrennbarkeit der liebenden Vereinigung mit der Fortpflanzung nicht mehr haltbar. Denn diese Untrennbarkeit lässt weitere Aspekte nicht mehr zu. Die Untrennbarkeit schließt also etwas anderes zwingend aus.

In der modernen Wissenschaftstheorie gilt eine These als falsifiziert, also als widerlegt, wenn eine Überprüfung zu einem Ergebnis kommt, welche im Widerspruch zu der anfänglichen Theorie steht. Hier in unserem Fall falsifiziert eine Feststellung aus der Verhaltensforschung die päpstliche Anfangsthese von der Untrennbarkeit der liebenden Vereinigung mit der Fortpflanzung. Also, aus der Sicht der Verhaltensforschung kann diese These vom kirchlichen Lehramt nicht aufrechterhalten werden.

Wenn wir die These von der untrennbaren Beziehung vom Geschlechtsakt mit der Fortpflanzung unter biologischen Gesichtspunkten betrachten, bekommen wir erhebliche Schwierigkeiten. Diese Schwierigkeiten kommen nicht aus der Biologie heraus, die scheint recht eindeutig zu sein. Diese Schwierigkeiten kommen aus den Formulierungen des kirchlichen Lehramtes. „kein gläubiger Mensch wird bestreiten wollen, dass es Aufgabe des kirchlichen Lehramtes ist, das Naturgesetz auszulegen." (Humane vitae, 4. Kapitel). Naturgesetze sind Reaktionen in der Natur, auf deren Verlauf der Mensch keinen Einfluss hat und deren Verläufe in aller Zeit, also vormals, jetzt und in Zukunft, unabänderlich gleich sind. Ebenso unabhängig davon, wo dieser Verlauf stattfindet, dieser ist also zu allen Zeiten und an allen Orten stets gleich. Naturgesetze sind daher nicht interpretierbar. Sie können nur beschrieben werden. Da ihre Reaktion stets gleich ist, ist auch ihre Bedeutung stets gleich. Ein Naturgesetz muss daher nicht ausgelegt werden. Es muss nur richtig verstanden werden.

Weiter spricht Pabst Paul VI. im gleichen Artikel davon, dass das kirchliche Lehramt das natürliche Sittengesetz zu bewahren und authentisch auszulegen habe. Erinnern wir uns, wir haben schon festgestellt, dass es ein „natürliches Schamgefühl" nicht gibt, weil das Schamgefühl in verschiedenen Kulturen und in verschiedener Zeit jeweils anders empfunden wird. Um das Prädikat „natürlich" zu erhalten, müsste es universale, das heißt überall und zu jeder Zeit, Gültigkeit haben. Wir haben jedoch festgestellt, dass das Schamgefühl ein kulturell erworbenes Gefühl ist, es folglich keine universale Gültigkeit hat und somit nicht „natürlich" ist.

Ebenso verhält es sich mit dem Sittengesetz. Als Sittengesetz beschreibt man die Übereinkunft von Menschen, wie man sich im Umgang miteinander verhalten soll, damit ein möglichst harmonisches Leben in der Gemeinschaft möglich ist. Diese Gesetze müssen nicht schriftlich niedergelegt sein. Es genügt, wenn diese an die neuen Mitglieder der Gemeinschaft mitgeteilt wird. Jegliches soziale Verhalten, auch das der Tiere, ruht auf solche Absprachen. Ein Verstoß gegen eines dieser Sittengesetze kann das Schamgefühl hervorrufen. Man schämt sich, weil man etwas tat oder dieses nicht tat. Ein Sittengesetz ist nicht natürlich vorhanden, es wird einem durch die Erziehung vermittelt, also gelehrt.

Die Möglichkeit, gegen ein Sittengesetz zu verstoßen, schließt schon das Prädikat „natürlich" aus. Wir haben festgestellt, dass mit dem Prädikat „natürlich" nur die Dinge ausgezeichnet werden können, die von der Natur vorgegeben werden und die unabänderlich sind. Sittengesetze zeichnen sich aber dadurch aus, dass diese immer wieder geändert werden. Und weil sie willkürlich geändert werden können, also diese Änderung von der Natur nicht vorgegeben wurde, sind sie nicht „natürlich".

Welches „natürlichen Sittengesetz" meint Papst Paul VI., dass es zu bewahren gelte? Wir haben in der Geschichte Onan aus dem Alten Testament gesehen, dass von Onan verlangt wurde, er müsse der Witwe seines Bruders zum Nachwuchs verhelfen, weil sein Bruder kinderlos verstarb.

Was würde das kirchliche Lehramt in der heutigen Zeit sagen, wenn ein junger Mann neben seiner bestehenden Ehe zur Witwe seines Bruders ginge, mit dieser den ehelichen Beischlaf vollzöge, nur weil sein Bruder kinderlos verstarb? Würde dieses Verhalten heute nicht als außerehelicher Geschlechtsverkehr gesehen und als unmoralisch bewertet? War das Sittengesetz des Alten Testamentes nun unnatürlich, obwohl es sich auf eine Weisung Gottes berief? Oder ist unser heutiges sittliches Verständnis unnatürlich und daher falsch?

Kommen wir zurück, zu unserer Fragestellung, ob die Untrennbarkeit der liebenden Vereinigung mit der Fortpflanzung aus biologischer Sicht verifiziert, also bestätigt, oder falsifiziert, also widerlegt werden kann.

Der weibliche Zyklus kennt Zeiten, an denen eine Befruchtung der Eizelle nicht möglich ist. Ein ehelicher Beischlaf in dieser unfruchtbaren Zeit eröffnet somit keine Möglichkeit der Befruchtung. Aus biologischer Sicht ist in dieser Zeit die Untrennbarkeit der liebenden Vereinigung mit der Fortpflanzung aufgehoben. Somit wäre auch hier die These von der Untrennbarkeit der liebenden Vereinigung mit der Fortpflanzung falsifiziert.

Jetzt könnte die Meinung vertreten werden, dass diese Unmöglichkeit ja nur einseitig sei, denn das Spermium sei ja bereit und zur Fortpflanzung fähig. Und dieses alleine würde ausreichen. Wenn solch ein Argument vorgetragen würde, so würde dieses sofort und mit Recht den Widerstand vieler hervorrufen. Denn mit solch einer Einstellung würde die Rolle der Frau herabgewürdigt.

Schauen wir uns an, wie das kirchliche Lehramt mit diesem Problem umgeht. Hierzu sehen wir uns die Enzyklika Humane vitae aus dem Jahre 1968 wieder an. Im III. Abschnitt unter dem Kapitel 21 „Selbstbeherrschung" wird erwartet, dass die Eheleute in der Zeit der weiblichen Unfruchtbarkeit Enthaltsamkeit üben. Dieses sei für die Eheleute nicht immer leicht, diene aber der Vertiefung der gegenseitigen Liebe. Im II. Abschnitt unter dem Kapitel 16 wird den Eheleuten hingegen empfohlen, die Zeit der Unfruchtbarkeit innerhalb des weiblichen Zyklus zu nutzen, wenn sie den ehelichen Beischlaf vollziehen, jedoch aus wichtigen Gründen das Entstehen neuen Lebens verhindern möchten. Ich empfinde dieses nicht als ein Entgegenkommen des kirchlichen Lehramtes, sondern als einen Widerspruch. Ich kann nicht einerseits die Aussage treffen, jeglicher sexuelle Kontakt, der nicht die Entstehung neues Lebens zum Ziele habe, sei wider der göttlichen Ordnung und daher nicht erlaubt und anderseits den Rat, wenn ihr die Zeugung eines Kindes ausschließen möchtet, nutzt die Zeit der Unfruchtbarkeit innerhalb des weiblichen Zyklus, denn dann sei ja eine Befruchtung nicht möglich. Weiter muss hier festgestellt werden, dass das kirchliche Lehramt seine eigene Aussage von der Untrennbarkeit der liebenden Beziehung mit der Fortpflanzung falsifiziert. Wie schon gesagt, sollte man diese Aussage auf die Fähigkeit der Fortpflanzung beim Spermium beschränken wollen, so würde dieses als Heuchlerei empfunden und entlarvt werden.

Zusammenfassend stellen wir fest, dass die These von der Untrennbarkeit der liebenden Vereinigung mit der Fortpflanzung, so vertreten vom kirchlichen Lehramt in seiner Enzyklika Humane vitae vom 25. 47. 1968, einer kritischen Überprüfung nicht standgehalten hat. Wir haben diese These unter drei verschiedenen Gesichtspunkten überprüft:

1.) aus der Sicht der Verhaltenforschung mit dem Ergebnis: falsifiziert,
2.) aus der Sicht der Biologie mit dem Ergebnis: falsifiziert,
3.) aus der Argumentation des kirchlichen Lehramtes in der Enzyklika Humane vitae aus dem Jahre 1968, die bislang noch nicht durch eine neue Äußerung des kirchlichen Lehramtes ersetzt wurde, mit dem Ergebnis: falsifiziert.

Drei Prüfungen mit dem gleichen Ergebnis, nämlich falsifiziert. Drei Mal wurde so dieser These widersprochen, und nach den Regeln der modernen Wissenschaftstheorie ist eine These nicht zutreffend bzw. unwahr, wenn sie nur einmal falsifiziert wird.

Wir können diese Falsifizierung mit Argumenten aus der Biologie fortsetzen und dabei belegen, dass die göttliche Ordnung in der Biologie nicht gestört oder behindert wurde, dieses weder absichtlich noch unbeabsichtigt. Wir brauchen uns nur anzusehen, ob denn jede liebende Vereinigung zur Fortpflanzung führt. Und das Ergebnis wird sein: nein. Dieses NEIN wird dadurch untermauert, in dem festgestellt wird, dass weder beim Mann noch bei der Frau eine Störung innerhalb des Sexualsystems festgestellt werden kann, die diese Unfruchtbarkeit bedingen würde.

Selbst im Tierreich, dort wo die Fortpflanzung biologisch so gesteuert wird, es somit nur dann zum Sexualakt kommt, wenn das Weibchen fruchtbar ist, kommt nicht jeder Sexualakt zum „Ergebnis", also es entsteht nicht ein jedes Mal neues Leben. Als Beispiel sehen wir uns die Löwen an. Dort wird immer beobachtet, dass der Löwe die Löwin stets mehrmals begattet, sie also mit seinem Sperma „überflutet", um so sicher zu stellen, dass nur sein Erbgut weiter getragen wird.

Befreiung der Sexualität

Die einseitige Beschränkung der Sexualität auf die Fortpflanzung sollte vom kirchlichen Lehramt aufgegeben werden. Wenn es auch stimmt, dass die Fortpflanzung durch den Sexualakt erfolgt, so ist dieses doch nicht die einzige Aufgabe der Sexualität. Die soziale Bedeutung der Sexualität muss auch gesehen und angemessen gewürdigt werden. Und hier fällt das große Schweigen des kirchlichen Lehramtes auf. Jegliche Form der sexuellen Betätigung wird von ihr als Sünde, damit als im Widerspruch zum göttlichen Willen gesehen, mit einer Ausnahme und dieses ist die Ehe zwischen zwei gegengeschlechtlichen Partnern. Sexuelles Handeln dieser Ehepartner ist jedoch auch hier nur erlaubt, wenn dieses der Fortpflanzung dient. Durch den Sexualkontakt, der der Fortpflanzung dient, kommen die Eheleute einer Verpflichtung nach und somit würden diese zu Mitarbeitern des Schöpfergottes (Kapitel 1, Enzyklika Humane vitae). In dieser Sicht bleibt völlig außer Acht, dass die Sexualität auch eine soziale Komponente hat, nämlich die der Bildung einer vertrauten Gemeinschaft.

Diese vertraute Gemeinschaft lässt ein Gefühl der Zugehörigkeit wachsen, die einerseits diese Beziehung stabilisiert und anderseits ein Klima schafft, dass den Eltern eine langfristige Betreuung und Umsorgung ihrer Kinder ermöglicht. Das kirchliche Lehramt sollte die Nöte und Probleme ihrer Gläubigen sehen und sie befähigen, eigenverantwortlich nach Lösungen zu suchen. Auch sollte das kirchliche Lehramt jeden Gläubigen ermutigen, dass dieser den für sich als richtig erkannten Weg auch geht. Diese Hilfe kann vom kirchlichen Lehramt nicht durch Gebote oder Verbote geleistet werden. Denn der so gegängelte Mensch fühlt sich nicht ernst genommen und bevormundet. Der mündige Mensch sucht und bittet um Ratschläge, die ihn in seiner Eigenverantwortlichkeit stärken und befähigen, ein erfülltes und so gottgefälliges Leben zu führen.

Sexualität ist ein Ausdruck dieses souveränen Lebensgefühls. Sexualität soll und darf nicht nur als biologische Triebstruktur gesehen und gelebt werden. Sie ist eine Kraft, die viel Schaden anrichten kann. Aber sie ist auch eine Kraft, die viel Segen spenden kann. Und hier gilt es, dem modernen, mündigen und souveränen Bürger eine Antwort zu vermitteln, mit der er sich identifizieren kann. Das Festhalten an alten und überkommenden Strukturen, und habe diese auch noch eine so lange Tradition, ist dann falsch, wenn die moderne Wissenschaft hier neue und grundlegend andere Erkenntnisse gebracht hat. Ein Irrtum oder ein Unwissen bleibt ein Irrtum und Unwissen, auch wenn es sich auf eine jahrhundert oder gar jahrtausend alte Tradition beruft.

Gerade das Wissen um den Zeugungsakt zeigt uns, wie wir es ja im Bereich der feministischen Theologie gesehen haben, das hier ein tradiertes Verhalten auf ein Unwissen und ein Fehlwissen beruhte. Die Herausforderungen der modernen Zeit an den Zeugungsakt, und hier denken wir an die künstliche Befruchtung und Genmanipulationen, verlangt eine moderne, in die Zukunft weisende Antwort des kirchlichen Lehramtes. Die Anfänge unter Pabst Johannes XXIII. und dem 2. Vatikanischen Konzil waren viel versprechend. Leider wurde schon unter Pabst Paul VI. dieser Anfang wieder abgebrochen. Der dadurch eingetretene Glaubwürdigkeitsverlust des kirchlichen Lehramtes ist enorm und nicht übersehbar.

Eine befreite Sexualität ist eine Sexualität, die
- befreit ist von alten, falschen und überkommenden Vorstellungen,
- befreit ist von einer nur triebhaften Steuerung,
- befreit ist von einer einseitigen Bindung an den Schöpfungsakt,
- befreit ist von einem Verhalten, welches nur durch den Zeitgeist bestimmt ist,
- befreit ist von der Sucht, das technisch Mögliche auch tun zu müssen,
- einen befähigt, ein souveränes, selbstverantwortliches Leben zu führen,
- die die Eltern und Erzieher befähigt, die Kinder zu einem eigenverantwortlichen, souveränen und gottesfürchtigen Leben zu erziehen.

Und wenn wir uns die Enzyklika Humane vitae von Pabst Paul VI aus dem Jahre 1968 ansehen, dann werden wir feststellen müssen, dass diese Enzyklika weder dem souveränen und eigenverantwortlichen Gläubigen kennt noch diesen erwartet. Die Abkehr von immer mehr Menschen weltweit vom kirchlichen Lehramt dürfte hier einen Grund haben.

Sexualität zum Lobe Gottes?

Eine Fragestellung, die jetzt viele irritieren wird. Kann denn Sexualität, eine doch so negative, schmutzige und schlechte Eigenart im Menschen, etwas sein, mit dem man etwas zum Lobe Gottes machen kann? Wird hier nicht das Weltbild auf den Kopf gestellt? Nun ja, ich denke, so sonderbar dieser Gedanke ist, so fremd er unserem jüdisch-christlich-islamischen Denken und Empfinden scheint, so deutlich gibt und gab es Kulturen, wo genau dieses praktiziert wird und wurde: Sexualität zum Lobe Gottes. Viele denken jetzt an die Tempeltänzerinnen in Asien. Dort, wo die Erotik des Tanzes zum Lobe Gottes dargeboten wird. Wenige denken hier an die Tempel in Khajuraho/Indien.

1839 fand ein englischer Hauptmann diese Tempel in Zentralindien. Er war entsetzt über die freizügigen Skulpturen auf diesen Tempeln. Werden dort doch in über 2000 Skulpturen der Sexualakt in verschiedenen Formen und unter verschiedenen Beteiligungen recht deutlich gezeigt. Ist das nicht Pornografie? Nein, es war und ist keine Pornografie. Es zeigt auch keinen sittlichen Verfall der Erbauer an. Was uns so unmoralisch und verwerflich erscheint, ist in Wahrheit eine Darstellung der Sexualität zum Lobe Gottes. Sexuelles Handeln findet hier nicht als Zeugungsakt, also zum Zwecke der Zeugung neuen Lebens statt. In der hinduistischen Mythologie wird der Liebesakt nicht nur als Akt der Vereinigung von Mann und Frau gesehen, sondern auch als Zeugungsakt der Weltschöpfung durch die Götter. Mit jedem Sexualakt wird also rituell die Weltschöpfung nachvollzogen. Somit wird dieser Sexualakt ein Handeln zum Lob der Götter.

Was können wir daraus lernen? Nun, wir sollten begreifen, dass der Sexualakt nichts ist, was im Grunde schlecht, schmutzig und verabscheuenswürdig ist. Er ist auch nicht ein notwendiges Übel, weil sonst die Fortpflanzung nicht gesichert ist. Sexualität ist eben mehr als nur ein Trieb. Es hat, wie wir schon gesehen haben, auch eine große soziale Bedeutung. Und die religiöse Dimension, die Pabst Paul VI. darin gesehen hat, hat er ja in seiner Enzyklika Humane vitae ausgeführt. Ich erwarte, erhoffe vom kirchlichen Lehramt, dass die religiöse Dimension der Sexualität mehr gewürdigt und herausgestellt wird. Sie sollte dieses aber eben nicht nur auf eine Funktion zur Zeugung neuen Lebens beschränken.

Homosexualität

Unter dem Begriff der Homosexualität versteht man die sexuelle Begegnung zweier gleichgeschlechtlicher Partner, also zweier Frauen oder Männer. Der Sexualakt zweier gleichgeschlechtlicher Partner kann nicht zum Zeugen neuen Lebens führen, weil die gegengeschlechtliche Komponente fehlt.

Wie wird man homosexuell? Ist dieses nicht eine Abart der normalen Sexualität? Ist dieses eine Krankheit und kann man hiervon geheilt werden?

Nun, homosexuell wird man, wie man heterosexuell wird, durch Veranlagung. Es handelt sich also nicht um eine Abart der normalen Sexualität. Es ist eine ganz normale Sexualität. Keine Krankheit. Keine Fehlentwicklung. Keine Verführung. Es ist und bleibt eine ganz normale Sexualität.

Je nach der Grenzziehung sind 5% oder bis zu 8% der Bevölkerung homosexuell. Ganz gleich, welchen Geschlechts man ist, Frau oder Mann, welche Bildung oder soziale Herkunft man hat, es bleibt bei den 5% bis 8% der Bevölkerung.

Dass die Homosexualität wirklich etwas Normales ist, dieses können die Verhaltensforscher bestätigen. Denn auch bei allen Primaten kann beobachtet werden, dass 5% bis 8% der Population homosexuell sind.

Wir können also feststellen, Heterosexualität ist das eine und Homosexualität das andere So-sein der Sexualität.

Warum wird denn in der Bibel die Homosexualität so verurteilt? Nun, erinnern wir uns, was die Menschen lange Zeit glaubten, wie die Fortpflanzung funktioniert. Wir haben schon im Kapitel über die feministische Theologie darüber gesprochen, wie lange die Menschheit in diesem Bereich unwissend war und von einer falschen Voraussetzung ausging. Erst seit 1826 kennen wir die richtige Funktionsweise der Fortpflanzung. Aus diesem Unwissen und den falschen Rückschlüssen hieraus glaubte man ja, dass das männliche Sperma schon das werdende Leben sei, welches ja nur noch wie ein Samenkorn in den Boden, also in die Geburtshöhle der Frau, gelegt werden musste. Dieses Missverständnis, dieses Unwissen zeichnet dafür verantwortlich, dass sogar nur die männliche Homosexualität unter Strafe gestellt wurde. Die weibliche Homosexualität wurde dabei nicht beachtet, denn ersten hatten die Frauen keine Bedeutung und zweitens hatte die weibliche Homosexualität ja keine Folgen. Während beim Mann potentielles Leben verschwendet wurde, das Entstehen oder besser das Heranwachsen des neuen Lebens ja verunmöglicht wurde, passierte bei den Frauen nichts.

Ist Homosexualität eine Sünde? Meine Antwort ist ein deutliches, klares und uneingeschränktes Nein. Homosexualität ist, genau so wie die Heterosexualität, keine Sünde. Sie ist von Gott vorgegeben und entspricht der natürlichen Ordnung. Homosexuelle sind keine bedauernswürdigen Menschen. Sie sind genauso normal wie die Heterosexuellen. Sie sind nicht sündiger als die anderen Menschen und sie leben nicht in der Sünde, wenn sie ihrer sexuellen Neigung nachgehen.

So, jetzt erwarte ich die entrüsteten Reaktionen mit den entsprechenden Zitaten aus der Bibel. „Du darfst nicht mit einem Mann schlafen, wie man mit einer Frau schläft; das wäre ein Greul." (Leviticus [3. Mose] Kapitel 18, Vers 22).

Ferner wird aus dem Buch Genesis, [1. Mose] Kapitel 19, Verse 5-14 eine Geschichte erzählt, in der die Bürger von Sodom die Herausgabe von Männern verlangten, die bei Lot zu Besuch waren, um mit ihnen zu verkehren. Die Geschichte von der Zerstörung der Stadt Sodom ist bekannt und ich brauche sie hier nicht weiter zu erzählen. Gehen wir mal weiter zum nächsten Text, Buch Leviticus, Kapitel 18, Vers 13: „Schläft einer mit einem Mann, wie man mit einer Frau schläft, dann haben sie eine Greueltat begangen; beide werden mit dem Tod bestraft, ihr Blut soll über sie kommen." Paulus wiederholt im Römerbrief, Kapitel 1 Vers 27 die im alten Testament getroffenen Aussagen.

Nun, jetzt werden mir einige sehr bibelfeste Menschen sagen, ich stünde doch dumm da. Was soll ich darauf erwidern? Hat man mir jetzt „den Wind aus den Segeln" genommen? Kann ich denn mit allem Ernst gegen die Bibel, gegen das Wort Gottes, argumentieren? Beleiben wir mal bei der Bibel und sehen uns im Buch Levi, Kapitel 18 den Vers 19 an. Dort steht: „Einer Frau, die wegen ihrer Regel unrein ist, darfst du nicht nähern, ..." In der Lutherbibel von 1984 wird dieser Vers wir folgt übersetzt: „Du sollst nicht zu einer Frau gehen, solange sie ihre Tage hat, um in ihrer Unreinheit mit ihr Umgang zu haben." Ich kann jetzt nur wieder auf unsere Feststellungen bezüglich des Unwissens der Menschheit im Bezug auf die Funktionsweise der Fortpflanzung verweisen. Dieses Unwissen führt folgerichtig zu falschen Schlüssen und damit zu falschen Anweisungen, wie man sich bezüglich der Sexualität zu verhalten habe. Oder will mir heute noch einer allen Ernstes sagen, dass während der Zeit der Regelblutung die Frauen unrein seien? Können und dürfen wir, auch unter diesem Gesichtspunkt, Aussagen der Bibel anders auslegen, als der Text es offensichtlich vorgibt? Wir werden zu einem späteren Zeitpunkt uns mit der Frage der Auslegung der Bibel beschäftigen.

Sehen wir uns den 1. Korintherbrief, Kapitel 6, Vers 9 mal an. Paulus schreibt da: „Weder Unzüchtige noch Götzendiener, Ehebrecher, Lustknaben, Knabenschänder, Diebe,

Geizige, Trunkenbolde, Lästerer oder Räuber werden das Reich Gottes ererben." Hier wird es deutlich, Paulus geht es um die Lustknaben und Knabenschänder. Wir erinnern uns sicher noch, was wir in der Schule über Lustknaben gelernt haben. Es galt bei den Griechen als schicklich, wenn sich alte Männer Lustknaben hielten und diese in die Geheimnisse der Sexualität einwiesen. Lustknaben waren Jungen, die sich in der Pubertät befanden. Heute würde man dieses als sexuellen Missbrauch an Minderjährige bezeichnen und dieses steht zu Recht unter Strafe. Die Verurteilung der Homosexualität bei Paulus zielt meines Erachtens auf die damalige Sitte bei den Griechen, sicht Lustknaben zu halten.

Wenn Homosexualität das andere So-Sein der Sexualität ist, ist sie auch nicht widernatürlich. Und dass dieses So-Sein der Sexualität nicht widernatürlich ist, hat uns die Verhaltensforschung gezeigt. Denn durch die Verhaltensforschung wissen wir, dass es bei allen Arten der Primaten die Homosexualität gibt und diese sogar in der gleichen Häufigkeit. Eine von Gott gegebene natürliche Ordnung kann nicht unrein sein.

Wenn wir uns die rechtliche Situation der Homosexuellen ansehen, werden wir feststellen, dass in der Vergangenheit nur die männliche Ausrichtung als homosexuell bezeichnet und Handlungen unter Homosexuellen generell bis 1973 im Strafgesetzbuch unter dem § 175 unter Strafe gestellt wurde. Die weibliche Homosexualität wurde Lesbische Liebe genannt und stand unter keiner Sanktion. Weder wurden Lesbierinnen gesellschaftlich noch strafrechtlich sanktioniert. Sie wurden schlicht weg nicht ernst genommen. Schlimmer noch, lesbische Liebe oder das, was einige Männer dafür hielten, wurde als sexuell stimulierend betrachtet und fand so einseitig Einzug in die männliche dominierte Pornoindustrie. 1973 wurde der § 175 im Strafgesetzbuch geändert. Jetzt wurden nur noch sexuelle Handlungen eines Volljährigen an einem Minderjährigen unter Strafe gestellt. Heute gib es den §

175 im Strafgesetzbuch nicht mehr. So wird heute nicht mehr unterschieden zwischen homosexuellen und heterosexuellen Handlungen. Beide unterliegen den gleichen Strafbedingungen. Strafrechtlich ist die Homosexualität die der Heterosexualität gleichgestellt.

Homosexuelle Paare verlangen die Gleichstellung ihrer Beziehung mit denen der heterosexuellen Paare, also mit der Ehe. Nach meiner Ansicht verlangen sie dieses zu Recht. Denn was ist eine Ehe? Die Ehe ist ein Versprechen zweier Menschen, gemeinsam und in gegenseitiger Achtung und Verantwortung durch das Leben zu gehen, bis das der Tod sie scheidet. Sie nehmen Verantwortung füreinander an. Sie treten dem Partner in Not zur Seite, helfen ihm, wenn dieser der Hilfe bedarf. Und warum ist dieses Versprechen nur für die heterosexuellen Partnerschaften erlaubt und abgesichert?

Die Meinung, dass es zu einer Ehe gehöre, Kinder in die Welt zu setzen, ist irrig. Inwieweit das kirchliche Lehramt dieses in Bezug auf die Sexualität so sieht, mag dahin gestellt sein. Wir haben diese Fragestellung in Verbindung mit der Enzyklika Humane vitae aus dem Jahre 1968 ja eingehend besprochen.

Was spricht eigentlich dagegen, homosexuelle Beziehungen, die auf Dauer angelegt sind, den Status einer Ehe mit allen seinen Rechten und Pflichten zuzugestehen? Wieso wird die heterosexuelle Ehe durch eine homosexuelle Ehe gefährdet? Warum wird einer homosexuellen Familie der Schutz der Gesellschaft und Kirche verweigert? Wo liegt hier die Gefährdung der heterosexuellen Familie, wenn man einer homosexuellen Familie die gleichen Rechte und Pflichten einräumt?

Sollte einer mit dem Argument kommen, zu einer Familie gehören Kinder und diese gäbe es in homosexuellen Beziehungen nicht, so irrt sich dieser gewaltig. Viele homosexuelle Paare haben Kinder. Ja, wirklich. Natürlich keine eigenen, aber Pflegekinder oder sogar Kinder adoptiert. Warum sollen die Partner dieser homosexuellen Familien schlechter gestellt werden als die Partner einer heterosexuellen Familie?

Aus meiner beruflichen Praxis möchte ich ein Beispiel erzählen. Es handelte sich hier um zwei Krankenschwestern, die eine ging ihrem Beruf nach und sorgte, wie man es von einem Ehemann auch erwartet, so für die Familie. Die andere blieb zu Hause, versorgte den Haushalt und die Kinder. Beide Krankenschwestern hatten je ein bzw. zwei Kinder adoptiert und zu diesen drei „eigenen" Kindern hatten sie noch drei weitere Kinder in Pflege. Im Rahmen der Pflegekinderbetreuung hatte meine Kollegin und ich in ihrer Vertretung Kontakt zu dieser Familie. Das Besondere an diesen Kindern war ihre Herkunft. Alle Kinder waren geistig behindert. Sie waren vorher in Heimen untergebracht und sollten, weil als nicht entwicklungsfähig eingestuft, in die Psychiatrie abgeschoben werden. Durch intensive pädagogische Betreuung dieser beiden Krankenschwestern konnten alle Kinder in der Sonderschule für Lernbehinderte den dort normalen Unterricht verfolgen und dort gute Ergebnisse erzielen. Eine sehr gute und von allen Fachleuten anerkannte und bewunderte pädagogische Leistung. Wenn nun der Krankenschwester, die durch ihre Berufstätigkeit für die finanzielle Absicherung dieser Familie sorgte, etwas zugestoßen wäre, hätte ihre Partnerin und die Kinder keine Rente erhalten. Das von dieser Krankenschwester adoptierte Kind hätte aus der Familie geholt werden können, weil rein rechtlich gesehen die andere keine rechtliche Beziehung zu diesem Kind hatte. Bei einer heterosexuellen Familie wäre dieses nicht geschehen. Natürlich hätte der überlebende Ehegatte einen Rentenanspruch gehabt. Und jetzt frage ich, warum diese Ungleichbehandlung? Ist dieses nicht ein schreiendes Unrecht? Leistet die überlebende Krankenschwester keinen so wichtigen Beitrag für unsere Gesellschaft, dass sie schon aus dieser Sicht nicht nur unsere Anerkennung, sondern auch unsere Unterstützung verdient hätte?

Wäre es nicht an der Zeit, dass das kirchliche Lehramt seine ablehnende Haltung den Homosexuellen gegenüber aufgibt und den homosexuellen Beziehungen, die auf Dauer angelegt sind, die gleichen Rechte einräumt und den gleichen Schutz gewährt, wie sie es bei den heterosexuellen Beziehungen macht?

Sollte jetzt einer mit dem Argument kommen, homophile Beziehungen seinen doch nicht stabil, so muss diesem gesagt werden, ob er es denn vergessen habe, dass homophile Beziehungen bis zum Jahr 1973 in der Bundesrepublik Deutschland strafrechtlich verfolgt wurden. Diese Menschen durften doch nicht, wenn sie nichts ins Gefängnis geworfen werden wollten, sich offen zu ihrer Homosexualität bekennen und sie durften auch keinen Verdacht erwecken, dass dieses für sie zuträfe. Die Absurdität dieser Regelung ging sogar soweit, dass diese Menschen eine heterosexuelle Verbindung eingingen, weil die Ehe mit einem gegengeschlechtlichen Partner für das gesellschaftliche Weiterkommen notwendig war. Das Gesetz für die eingetragenen Lebenspartnerschaften ist ein erster, aber bei Weitem nicht ausreichender Schritt in die richtige Richtung. Wann bewegt sich das kirchliche Lehramt in diese Richtung?

Zölibat

Das Zölibat ist die verpflichtende Ehelosigkeit und die verpflichtende sexuelle Enthaltsamkeit der katholischen Priester. Nun zeigt die tägliche Praxis, dass dieses Gebot nicht immer eingehalten wird. Und hier kann man die kirchlichen Amts- und Würdenträgern nicht vor dem Vorwurf der Heuchelei bewahren. Wie viele katholische Priester haben Kinder und dürfen sich nicht zu ihnen bekennen. Dieses ist nicht nur für die Priester, sondern auch für die Mütter und vor Allem für die Kinder ein großes Problem. Wie viel Leid könnte hier vermieden werden, wenn man endlich diese Vorschrift aufhebt. Es hat kein Mensch etwas dagegen, wenn sich jemand freiwillig für das Zölibat entscheidet. Aber diese Verpflichtung ist für viele Menschen nicht einsichtig.

Gibt es eine vernünftige Begründung für das Zölibat? Oder ist sie nur Ausdruck einer sexualfeindlichen Grundeinstellung des kirchlichen Lehramtes? Genannt werden zwei Bibelstellen aus dem neuen Testament. Einmal Math. Kapitel 19, Vers 12. Dort heißt es: „Denn einige sind von Geburt an zur Ehe unfähig; andere sind von Menschen zur Ehe unfähig gemacht; und wieder andere haben sich selbst zur Ehe unfähig gemacht um des Himmelreichs willen. Wer es fassen kann, der fasse es!" Man achte hier bitte auf den Wortlaut. Es heißt, „wer sich selbst zur Ehe unfähig macht" und nicht, der ist zur Ehe unfähig gemacht, um des Himmelreichs willen. Und der Schlusssatz ist auch unzweideutig, denn er lautet: „Wer es fassen kann, der fasse es." Wer es nicht fassen kann, der muss es demnach nicht fassen. Für eine Begründung zum Pflichtzölibat scheint mir diese Bibelstelle nicht geeignet zu sein.

Die zweite Bibelstelle, die hier als Begründung dienen soll, ist dem 1. Korintherbrief des Apostel Paulus entnommen. Im Kapitel 7 lautet der erste Satz: „Wovon ihr aber geschrieben habt, darauf antworte ich: Es ist gut für den Mann, keine Frau zu berühren." Jetzt könnte man sich wieder die Hände reiben uns mir vorhalten, hier ist wirklich eine eindeutige Aussage gemacht worden. Dieses könnte ich ja nun beim besten Willen nicht mehr umdeuten oder relativieren! Nun, man kann eine Aussage nicht zerstückeln und nur den Teil als ganze Aussage hernehmen, der mir gerade passt. Wir müssen uns schon den ganzen Abschnitt im Korintherbrief ansehen. Der ganze Abschnitt lautet: „Wovon ihr aber geschrieben habt, darauf antworte ich: Es ist gut für den Mann, keine Frau zu berühren. Aber um Unzucht zu vermeiden, soll jeder seine eigene Frau haben und jede Frau ihren eigenen Mann. Der Mann leiste der Frau, was er ihr schuldig ist, desgleichen die Frau dem Mann. Die Frau verfügt nicht über ihren Leib, sondern der Mann. Ebenso verfügt der Mann nicht über seinen Leib, sondern die Frau. Entziehe sich nicht eins dem andern, es sei denn eine Zeit lang, wenn beide es wollen, damit ihr zum Beten Ruhe habt; und dann kommt wieder zusammen, damit euch der Satan nicht versucht, weil ihr euch nicht enthalten könnt." Und jetzt ist die Aussage von Paulus nicht mehr so eindeutig.

Wir müssen jetzt mal kurz unsrem Thema der Bibelauslegung vorgreifen. Die Briefe des Apostels Paulus sind nicht einfach zu verstehen. Hier muss man wissen, was hat Paulus sich dabei gedacht und in welchem Umfeld lebte er? Da sei zuerst einmal festzuhalten, dass Paulus fest an der alsbaldigen Rückkehr von Christus glaubte. Die Eschatologie, also die Heilserwartung von Paulus ist auf die nahe Zukunft ausgerichtet. Der Herr kommt alsbald zurück und wird das Reich Gottes auf Erden errichten. Ja, Paulus glaubte fest daran, dass er Jesus von Nazareth in seiner göttlichen Herrlichkeit hier auf Erden erleben würde. Darum ist sein ganzes Denken darauf ausgerichtet, den nahen Herrn zu erwarten und sich auf die Wiederkehr des Herren gut vorzubereiten. Wir wissen heute, dass diese Nahzeiterwartung von Paulus ein Missverständnis war. Das Reich Gottes auf Erden ist eben nicht vergleichbar mit einem politischen Reich hier auf Erden. Diese Nahzeiterwartung von Paulus hat natürlich eine Argumentation zur Folge, die nicht auf eine ferne Zeit ausgerichtet ist und daher teilweise etwas überzeichnet erscheint. Aber wir wissen ja auch, wie sich unsere Sprache verändert, wenn wir ein Ereignis sofort oder erst später erwarten. Die Aussagen vom Apostel Paulus sind aber deswegen nicht falsch, nur weil sie für eine kurze Zeitspanne gedacht waren.

Sinn und Zweck des Zölibates sind nach der Lehre des kirchlichen Lehramtes die ungeteilte Hingabe des Priesters zu Gott. Das Freisein für den Dienst am Menschen und die weitgehende Unabhängigkeit von irdischen Dingen.

Wann wurde es das Zölibat eingerichtet oder bestand dieses von Anfang an? Das erstmals in der Synode von Elvira erlassene Verbot für Geistliche, eine bestehende Ehe auszuüben, wurde in der Folgezeit zwar immer wieder betont, ließ sich aber nicht durchsetzen. Das zweite Laterankonzil (1139) erklärte dann alle Ehen für nichtig, die von Geistlichen höherer Weihen geschlossen wurden. Schon in der Vergangenheit wurde das Zölibatsgebot immer wieder angegriffen, insbesondere im 16. Jahrhundert und nach dem zweiten Vatikanischen Konzil. Es wurde stets darauf hingewiesen, dass das Zölibat keine Glaubenswahrheit berühre, es sich also um eine kirchliche Vorschrift handle, die einfach aufgehoben werden könne.

Gibt es eine andere und in sich selbst schlüssige Begründung für das Zölibat? Nun, in der Schule hat man uns eine andere Begründung gegeben. Diese scheint mir selbst heute noch plausibel und in sich schlüssig zu sein.

Die Pfarrgemeinden mussten für ihren Pfarrer sorgen. Damit er sich seinen Lebensunterhalt erarbeiten konnte, wurde ihm ein Hof zur Verfügung gestellt. Daher kommt auch die Bezeichnung Pfarrhof für das Pfarrhaus. Es leuchtet einem ein, dass die Landfläche zur Versorgung eines Mannes kleiner sein konnte, als wenn eine Familie zu versorgen sei. Ferner hätte nach dem Ableben des Pfarrers ja seine Familie weiter versorgt werden müssen. Daher hätte man ihm den Hof also übereignen müssen mit der Konsequenz, dass nach seinem Ableben seine Kinder diesen Hof erben würden. Man hätte dann für den neuen Pfarrer wieder einen neunen Hof benötigt. Dieses hätte somit die Finanzkraft ein jeder Pfarrer überfordert. Wenn der Pfarrer nun ledig ist, er sich sexuell zu enthalten hat, so hat er auch keine legitimen Kinder. Dieses bedeutet, dass er keine Erben hat. Nach seinem Ableben fällt der Hof wieder an die Pfarrgemeinde zurück und dieser Hof kann an den neuen Pfarrer zur Selbstversorgung übergeben werden.

In der heutigen Zeit entfällt die Notwendigkeit, dem Pfarrer einen Hof zur Selbstversorgung zur Verfügung zu stellen. Der Pfarrer wird heute mit Bargeld alimentiert (bezahlt). Somit entfällt die Notwendigkeit des Schutzes der Pfarrgemeinde vor möglichen Erben des Pfarrers. Die Aufrechterhaltung des Zölibates ist zum Schutze der Pfarrgemeinden nicht mehr erforderlich und könnte daher problemlos aufgehoben werden.

Dass eine Versorgung der Pfarrstellen bei einer Aufhebung des Zölibates möglich ist, beweisen uns die protestantischen Schwesterkirchen. Die Pfarrer dürfen heiraten, haben eine Familie, also auch Kinder und der Dienst am Menschen und im Gottesdienst leidet nicht darunter. Es tritt vielmehr ein ganz anderes Problem auf. Viele Pfarrerfrauen haben das Gefühl, dass sie von der Landeskirche als unbezahlte Hilfskraft angesehen und eingeplant werden.

Zum Schluss die Frage, wie begründet sich die Sexualfeindlichkeit des kirchlichen Lehramtes? Warum wird die Askese, also die strenge Enthaltsamkeit, so idealisiert? Christus war doch auch kein Kostverächter. Uns wird doch in den Evangelien immer wieder erzählt, dass Jesus zu Feste eingeladen wurde und er dort hinging. Er war oft Gast bei großen Festessen. Das, was er ablehnte, war die Völlerei. Und dieses ist aber keine Askese, sondern setzt nur ein bewusstes Umgehen mit den Nahrungsmitteln voraus. Ob Jesus verheiratet war, wissen wir nicht. Es wird die Meinung vertreten, dass Maria Magdalena seine Frau war. Nicht die Sünderin oder Hure, wie es zu meiner Zeit uns in der Schule noch beigebracht wurde.

Während eines Urlaubes in Spanien traf ich zufällig auf eine Kirche, die der Maria Magdalena geweiht war. Dort wurde in den Bildern die These vertreten, Maria Magdalene sei die Ehefrau von Jesus aus Nazareth gewesen. Die Bibel schweigt sich hierzu aus. Wir wissen aber, dass die Jünger alle verheiratet waren. Sie ihre Familien verließen, um Jesus zu folgen. Sie gingen aber zwischenzeitlich zu ihren Familien zurück. Es kann also davon ausgegangen werden, dass Jesus also nicht das gesamte Jahr umher zog, seine Jünger und er sich also auch um die eigene Familien kümmern konnten.

Aus dem Verständnis der damaligen Zeit heraus wäre es wirklich sonderbar, wenn ein junger Mann im Alter von über 20 Jahren unverheiratet gewesen wäre. Denn sein Unverheiratet-Sein hätte ja den Verdacht aufkommen lassen, dass Jesus homosexuell wäre und dieses hätte für ihn schlimme Folgen gehabt. Von da aus ist es schon sehr unwahrscheinlich, dass Jesus keine eigene Familie hatte.

Problematisch ist der Begriff der Jungfrauengeburt von Jesus. Es wird ja erklärt, Jesus sei nicht der leibliche Sohn von Josef. Maria hätte sich somit vor der Christi Geburt nicht mit Josef eingelassen, also keinen sexuellen Kontakt mit ihm gehabt. Aus dieser Sichtweise hat sich ja der Begriff der Josefs-Ehe entwickelt, wenn zwischen den Ehepartnern keine sexuellen Kontakte stattfinden. Diese Josefs-Ehe ist aber ggf. keine nach Kirchenrecht gültige Ehe, weil ja der Vollzug der Ehe, also der erste Sexualkontakt, fehlt. Für mich stellt sich die Frage, warum darf Jesus nicht der leibliche Sohn von Josef und Maria sein? Warum erhält Maria das Prädikat „Mutter Gottes" und Josef wird das Prädikat „Vater Gottes" verweigert? Ich habe von vielen Menschen gehört, dass sie denken, der Begriff jungfräuliche Geburt sein ein schlichter Übersetzungsfehler. Aus der jungen Frau sei eine Jungfrau geworden. Aus einer Altersbestimmung der Hinweis auf ein bestimmtes und idealisiertes keusches Verhalten. Ich denke, wir sind hier auf ein sehr großes und schwieriges Problem gestoßen.

In meiner heutigen Analyse komme ich zu einem völlig anderen Ergebnis. Nicht Maria oder ihr keusches Verhalten stehen im Mittelpunkt der Betrachtung. Es ist die Herkunft Jesu und damit die Rechtfertigung seiner göttlichen Abstammung. Erinnern wir uns, bis zum Jahre 1826 glaubten die Menschen, dass alleinig das Sperma des Mannes für die Weitergabe des Lebens verantwortlich war. Die Frau stellte mit ihrer Gebärmutter den Acker dar, in dem der Samen des Mannes keimen und heranwachsen konnte. Diese Fehlinterpretation, dieses Fehlwissen in der Frage der Fortpflanzung hatte nun zur Folge, dass mit dem Ausschluss von Josef als der leibliche Vater von Jesus nun ein Anderer dieses Samenkorn in Maria eingebracht haben musste. Dieser Andere, der damit der Vater des Kindes Jesu wurde, war kein Mensch, sondern es war Gott. Denn eine Schwangerschaft und Geburt eines Kindes ist ohne das Mitwirken eines Mannes, des Vaters, nicht möglich. Wenn also kein Mensch hier in Frage kam, so konnte dieses also nur noch Gott selbst sein.

Diese Denkweise deckte sich völlig mit der Denkweise der Menschen in der Antike. Denn die Götter betrieben einerseits untereinander den Liebesakt und zeugten so weitere Götter und anderseits vollzogen sie auch den Liebesakt mit Menschen und so wurden Halbgötter geboren. Wenn wir uns die verschiedensten Mythologien ansehen, werden wir diese Vorgänge dort finden.

Jesus hat nun keinen menschlichen Vater. Sein Vater ist Gott direkt und unmittelbar. So ist er zwar kein Halbgott, er ist Gottes Sohn. Einerseits Gott und anderseits doch auch Mensch. Wir werden auf dieses Thema nochmals zurückkommen.

Exegese, oder wie lege ich die Bibel aus?

Ich habe mit einigen Evangelikalen und Mitgliedern von Sekten sehr heiße Gespräche darüber geführt, ob die Bibel Gottes Wort oder von Menschen geschrieben, also das Wort von Menschen sei. Viele Menschen vertreten die Auffassung, wenn die Bibel Gottes Wort wieder gibt, dann dürfen wir dieses Gottes Wort nicht verändern. Es ist so, wie es in der Bibel steht. Wenn wir jetzt anfangen daran herum zu deuten, dann würde sich jeder die Bibel so auslegen wie es ihm gerade passt. Die Bibelauslegung würde also beliebig werden und sie könnte keine Hilfe mehr zur Lösung moralischer Fragen und Probleme anbieten.

Soweit, so gut. Aber ist diese Aussage richtig? Nach meiner Auffassung nein. Ich bestreite dabei jedoch nicht, dass die Bibel Gottes Wort enthält. Nur müssen wir uns dieses Wort Gottes jedes Mal neu erschließen. Das heißt nun, Gottes Wort ist nicht so eindeutig aus der Bibel heraus zu lesen. Es muss durch das richtige Erforschen der Texte gefunden und interpretiert, also gedeutet werden.

Besinnen wir uns, wie die empirische Erkenntnisfindung, also die wissenschaftliche Suche nach der Wahrheit gelaufen ist. Zuerst ging dieses nach dem Prinzip, ich habe eine Meinung. Und wenn ich diese meine Meinung in einer Diskussion, einem Disput, gut, vehement und laut vertreten und verteidigen konnte, dann war meine Meinung richtig. Das wichtigste wissenschaftliche Werkzeug war die Rhetorik. Wer gut in der Rhetorik war, wer also gut reden und seinen Gegner sprachlos machen konnte, der hatte diese Disputation gewonnen und seine Meinung war somit als richtig bewiesen. Schon in der antiken Philosophie versuchte man, Ordnung in das wissenschaftliche Denken und Handeln zu bringen. Es wurde eine Gesetzmäßigkeit der Logik entwickelt, die auch heute noch Bestand hat, um hier nicht beliebige Aussagen als empirisch, also als wissenschaftlich erwiesen, angesehen werden konnten. Man erkannte also nur die Idee als Grundlage des wissenschaftlichen Handelns an. Und wenn diese Idee nach den Gesetzen der Logik stimmig war, dann war diese Idee empirisch abgesichert. Wenn etwas offensichtlich so war und dieses logisch begründet werden konnte, dann musste es so sein. Auf diese Weise konnten sich viele Irrtümer einschleichen, ohne aufgedeckt werden zu können. Als Beispiel für so einen offensichtlichen Irrtum haben wir das Wissen über die Funktion des Zeugungsaktes gesehen. Es ist offensichtlich richtig, dass nur dann, wenn der Mann seinen „Samen" in die Frau einbringt, ein neues Kind entsteht. Bringt der Mann also seinen „Samen" nicht bei einer Frau ein, so kann auch kein Kind entstehen. Diese Beobachtung ist offensichtlich, sie ist logisch und sie ist falsch. Falsch, weil sie nur die offensichtlichen Merkmale berücksichtigt. Das, was nicht offensichtlich ist, was wir also mit dem Auge nicht sehen, mit der Nase nicht riechen oder mit unseren Sinnesorganen nicht ertasten können, wird nicht berücksichtigt. Und dennoch sind gerade diese nicht offensichtlichen Merkmale mit ausschlaggebend. Trifft das Spermium nicht auf eine reife Eizelle, dann kann der Mann noch so viel Sperma in die Frau einbringen, es entsteht kein neues Leben. Also, eine Wissenschaft, die sich auf die Auswertung von offensichtlichen Merkmalen beschränkt und überprüft, ob dies auch noch nach den Regeln der Logik stimmig ist, kann fehl gehen, also zu falschen Schlüssen und somit zu falschen Erkenntnissen kommen.

Dieses Änderte sich erst mit der Aufklärung, beginnend Ende des 17. Jahrhunderts, stark Mitte des 18. Jahrhunderts. Wir wollen jetzt nicht alle philosophischen Strömungen der Aufklärung betrachten. Uns seien aber einige Schlagworte, die die Situation beschreiben, wichtig. Dieses ist die Rationalität, Empirismus, Skeptizismus und Materialismus. Die Meinung wurde nun von der Theorie abgelöst. Die Rhetorik wurde von der wissenschaftlichen und methodischen Überprüfung abgelöst. Nach der Aufstellung einer Theorie, die jetzt schon methodischen Regeln zu folgen hat, wird diese Theorie auf ihre Standfestigkeit überprüft. Eine Theorie gilt erst dann als wissenschaftlich erwiesen, wenn ich einerseits sie verifizieren, also bestätigen kann und anderseits wenn es mir und anderen Wissenschaftlern nicht gelingt, diese Theorie zu falsifizieren, diese Theorie also zu widerlegen. Wenn es einem Wissenschaftler gelingt, ein einziges Mal diese Theorie zu falsifizieren, ist die Theorie widerlegt und somit nicht mehr richtig und daher ungültig. Diese Verifizierung, als die Bestätigung der Theorie, und die Falsifizierung, die Widerlegung dieser Theorie, erfolgt in der Regel durch Test oder durch einen mathematischen Beweis.

In den Geisteswissenschaften und somit auch in der Theologie kann man keine Tests machen. Gott lässt sich nun mal nicht durch Test nachweisen oder seine Existenz können wir auch nicht durch Tests ausschließen. Hier hilft nur die richtige Frage nach dem Sinn oder nach dem Ursprung. Ziel der Aufklärung in der Theologie war die Befreiung der Theologie von der Tradition. Nicht, dass die Tradition an sich schlecht und ablehnungswürdig sei. Nein, in der Tradition können sich Irrtümer eingeschlichen haben und daher muss auch die Tradition ständig neu überprüft, also hinterfragt werden. Und wir haben im Beispiel des Zeugungsaktes schon gesehen, dass sich die Tradition hier irrte.

Die moderne Exegese, und diese ist den beiden christlichen Konfessionen gleich, stellt bei jedem Text folgende Fragen:

- Wer hat den Text geschrieben?
- Wann wurde dieser Text geschrieben?
- In welchem gesellschaftlichen Kontext steht dieser Text?
- Welche Aussage verbirgt sich in dem Text?

Es wird sicherlich noch weitere und präzisere Fragen geben. Aber alle dienen dem Zweck, den Sinn der Aussage zu finden und zu erfassen. Wir müssen dabei auch berücksichtigen, dass der Text oft mehrmals übersetzt wurde. Und wir wissen, dass durch eine Übersetzung sich Fehler im Text einschleichen können. Fehler, die sich einfach aus der Tatsache ergeben, dass nicht alle Begriffe in allen Sprachen die gleiche Bedeutung haben und es viele Begriffe gibt, die die eine Sprache kennt, die andere aber nicht. Findet der Übersetzer jetzt einen

Begriff, die die Sprache nicht kennt, in die er diesen Text übersetzen muss, dann versucht er, einen anderen Begriff zu finden, den einerseits die neue Sprache kennt und anderseits dem Sinn des Begriffes der alten Sprache am Nächsten kommt. Übersetzungsfehler schleichen sich naturgegeben in Texte ein, die von einer Sprache in die nächste, dann in die nächste und dann in die nächste Sprache übersetzt werden. Wenn wir einen Text

1. von der deutschen Sprache in die englische Sprache,
2. von der englischen Sprache in die spanische Sprache,
3. von der spanischen Sprache in die arabische Sprache
4. und von der arabischen wieder in die deutsche Sprache

übersetzen und anschließend den Urtext mit dem letzten Text vergleichen, so werden wir froh sein, wenn dieser nicht völlig sinnentstellt ist. Wir werden aber sicher feststellen, dass der Wortlaut der letzten Übersetzung, Wort für Wort, nicht mehr mit dem Originaltext übereinstimmt. Und nun fällt es uns nicht mehr schwer, daran zu glauben, dass die biblischen Texte, die einmal aus sehr unterschiedlichen Jahrhunderten, ja sogar aus unterschiedlichen Jahrtausenden stammen und in ihrer Zeit viele Übersetzungen erlebt haben, dass in diesen Texten sich Übersetzungsfehler eingeschlichen haben können.

Ein Beispiel für einen möglichen Übersetzungsfehler, wir haben dieses ja bereits erörtert, ist die Jungfrauengeburt. Es stellt sich die Frage, wurde Jesus von der Jungfrau, einer unberührten, also sexuell noch nicht tätigen Frau geboren oder von einer jungen Frau. Gab es in der Zeit Jesu überhaupt den Begriff Jungfrau in Palästina und wenn ja, hatte dieser Begriff die gleiche Bedeutung, wie in der heutigen Verwendung? Ein, von der theologischen Wissenschaft wohl mittlerweilen als Übersetzungsfehler angesehene Begriff ist das Durchschreiten von Moses und der Israeliten durch das Rote Meer. Zu meiner Schulzeit nahm man noch an, dass dieses Durchschreiten des roten Meeres mit der Explosion des Vulkanes Santorin im Mittelmeer zusammen hängen könnte. Die Eruption dieses Vulkanes wurde auch mit den Plagen in Verbindung gebracht, die das ägyptische Volk zu erleiden hatte. Heute nimmt man an, da man die Plagen bis auf eine als natürliche Erscheinungen beweisen kann, dass der Durchzug der Israeliten nicht durch das Rote Meer, sondern durch das Schilfmeer erfolgte. Dieses ergibt schon deswegen einen Sinn, weil der Landweg von Ägypten nach Palästina möglich und offen war. Ein Volk, welches sich auf der Flucht befindet, wird dann natürlich nicht die Route über den Landweg nehmen, die man mit Streitwagen gut befahren kann. Man wird einen Weg wählen, der dem Volk den besten Schutz bietet. Und dieses ist nun mal ein Schilfmeer. Denn einerseits kann man sich im Schilf gut verstecken und anderseits bleiben Wagen in dem Morast und Sumpf stecken. Die wenigen Wege durch so ein Schilfmeer lassen sich auch mit wenigen Kriegern gut bewachen und verteidigen. Ein Durchzug durch das Rote Meer ist aufgrund der dortigen Topografie nicht möglich. Das Ufer fällt relativ steil bis zu einer Tiefe von 300 Metern ab. Dieses hätte ein Zug von Menschen, Männer, Frauen. Kinder aller Altersgruppen nicht bewältigen können. Auch hätten keine Streitwagen diesen Abhang hinab fahren können. Es gibt Wissenschaftler, die vertreten die Meinung, dass der Durchzug durch das Rote Meer nicht der Durchzug durch das Rote Meer, sondern entweder ein Durchzug durch das Mittelmeer oder die Wasserwand ein Tsunami, ausgelöst von der Explosion des Vulkans Santorin, gewesen sei. Die Israeliten müssten dann den Strand schon verlassen haben, bevor die Wasserwand des Tsunami das ägyptische Heer erfasste und vernichtete.

Wird der Wahrheitsgehalt der biblischen Geschichte oder die Aussage der Bibel hierdurch aufgehoben, verändert oder geschmälert? Wird eine möglicherweise fehlerhaft übersetzte Aussage dadurch unwahr? Ich meine, nein. Der Wahrheitsgehalt der Aussage bleibt erhalten. Denn mein positives Empfinden, wenn mich eine plötzlich auftretende Nebelwand bei der Flucht vor der Entdeckung und Vernichtung schützt, diese subjektive Wahrnehmung als

Wunder, wird doch dadurch nicht beeinträchtigt, auch wenn mir die Meteorologen nachweisen können, dass diese Nebelwand das Ergebnis natürlicher meteorologischer Gesetze war. Für mich ist und bleibt dieses ein Wunder und für mich darf dieses auch weiterhin so verstanden werden.

Die Bibel sind nicht Bücher eines Menschen, sondern von vielen Menschen aus recht unterschiedlichen Zeiten. Dieses bedeutet nun, dass diese Menschen unterschiedliche Bildung und Erfahrungen hatten und dass diese Menschen in unterschiedlichen Lebensumständen lebten, sei es als Nomaden oder als sesshafte Menschen, also an einem Ort. Sie waren Hirten, Bauern oder Handwerker. Lebten in der Wüste, der Steppe, im Gebirge, auf dem Land oder an der Küste. Ihre Erfahrungen mit der Natur, ihre Lebensgewohnheiten waren also recht unterschiedlich. Und diese Unterschiede sind die Ursache für die unterschiedlichen Lebensanschauungen. Sie sprachen andere Sprachen. Ein jeder dieser Menschen benutzte die Symbole, die seiner Umgebung, seiner Bildung und seiner Lebenserfahrung entsprachen. Und wenn sie ihren Mitmenschen eine Botschaft übermitteln wollten, ja dann musste diese so verfasst sein, dass die Menschen sie auch verstanden. Schwierige Botschaften wurden dann als Geschichten so erzählt, so mit Bildern ausgeschmückt, dass die Zuhörer das Gefühl erhielten, diese Botschaft auch verstanden zu haben. Sie konnten sich also ein Bild von der Botschaft machen.

Unsere Aufgabe in der heutigen Zeit ist es also, diese Sprache für uns zu erschließen. Nicht unbedingt dem Wort nach, aber dem Sinn nach. Was wollte derjenige, der diese Geschichte aufgeschrieben hat, uns erzählen? Was ist seine Botschaft?

Verkündigung der Botschaft Gottes

In der Bibel werden also Symbole benutzt, die zu seiner Zeit von allen Menschen verstanden wurden. Wir leben in einer ganz anderen Zeit. Wir denken heute ganz anders. Wir müssen also versuchen, die Botschaft dem Sinn nach zu verstehen, um dann diese Botschaft in die Sprache der heutigen Zeit zu übersetzen. Dieses ist natürlich die Hauptaufgabe des kirchlichen Lehramtes. Das kirchliche Lehramt muss also die Bibel immer wieder neu erforschen oder erforschen lassen, um den Sinn der Botschaft richtig zu verstehen. Das kirchliche Lehramt muss aber auch diese Botschaft in die Sprache der heutigen Zeit übersetzen und als verkündende Kirche uns mitteilen. Sie muss uns, den Gläubigen, diese Botschaft so nahe bringen, dass wir diese auch verstehen. Wir müssen und sollen uns davon angesprochen fühlen. Diese Verkündigung muss in einer Sprache erfolgen, die die Lebenssituation eines jeden widerspiegelt. Es sollte sich jeder angesprochen und angenommen fühlen. Und nicht nur das Gefühl haben: „Es war eine schöne Predigt, aber was hat er gesagt?"

Pabst Johannes XXIII. hat mit seiner Art und mit dem von ihm einberufenen 2. Vatikanischen Konzil viele Hoffnungen geweckt. Und ich bin mir sicher, wäre er nicht so früh verstorben, er hätte diese Hoffnungen, wenn nicht alle, so doch die meisten, erfüllt und uns nicht so bitter enttäuscht, wie seine Nachfolger im Amt es taten und noch weiterhin tuen. Pabst Johannes XXIII. wollte die Kirche öffnen, das Laienapostolat stärken. Es haben sich viele Laien für die verschiedensten Aufgaben gemeldet und engagiert. Und heute sieht man die Laien nur als notwendige Notlösung, wenn keine andere mehr möglich ist. Ich höre schon den starken Widerspruch aus der kirchlichen Verwaltung. Aber wenn man ihre eigenen Verlautbarungen und ihr eigenes Verhalten kritisch ansieht und anhört, ja dann komme zumindest ich zu keinem anderen Ergebnis.

Pabst Johannes Paul II. war ein Medienpabst. Er verstand es, mit den Medien umzugehen. Das war auch gut. Es war aber nicht nachhaltig, weil die von ihm verkündete Botschaft nicht nur die Menschen nicht ansprach, sie fühlten sich nicht ernst genommen, nicht angenommen. Die Menschen lebten ein anderes Leben und viele verabschiedeten sich aus der Kirche oder blieben ihr fern.

Nach den Zweiten Vatikanischem Konzil und der Synode in Würzburg hat man Laien mit in den Altarraum geholt, um so zu dokumentieren, das der Gottesdienst eine Feier der gesamten Gemeinde sei, die Gemeinde eigentlich sämtlich am Altartisch mitversammelt sein sollte. Und junge Geistliche kehren dieses jetzt wieder so um, dass nicht nur die erwachsenen Laien, sondern teilweise auch die Ministranten aus dem Altarraum verbannt werden. Der Priester am Altar ist für sich und die Gemeinde in der Kirche ebenfalls. Man stelle sich einmal vor, man würde zu einem festlichen Essen eingeladen, aber am Tisch sitzt nur der Gastgeber. Die Gäste dürfen sich nur an den Wänden aufhalten und zusehen, was der Gastgeber da veranstaltet. Ich denke, dieser Gastgeber wird bald alleine sein. Und so ist es auch mit der Kirche. Dieser Gastgeber kann viel reden über Liebe, Brüderlichkeit und weitere Tugenden. Ihm wird nicht geglaubt werden, denn er lebt ja nicht das vor, wovon er spricht.

Ich kenne einige Geistliche, denen würden die Haare zu Berge stehen, wenn sie von diesen Situationen erfahren. Denn sie verhalten sich vorbildlich und richtig. Aber leider scheinen diese vorbildliche Geistliche immer seltener zu werden.

Die verkündende Kirche muss glaubhaft bleiben und sein, damit ihr zugehört wird. Sie muss eine Sprache sprechen, die die Gläubigen auch anspricht, von der sie sich angesprochen und ernst genommen fühlen.

Dieses, was ich hier gesagt habe, gilt nicht nur für das kirchliche Lehramt, gleich welcher Konfession, es gilt auch für das Judentum und für den Islam. Das Judentum, die Christenheit und der Islam berufen sich auf den gleichen Gott. Sie berufen sich auf die gleichen heiligen Texte und die gleichen Werte. Es kommt uns hier jetzt nicht darauf an, festzustellen, wo sich diese drei Religionen unterscheiden oder wo sie sich entsprechen. Besinnen wir uns auf die Wurzel und werden wir unserem Anspruch gerecht.

In seinem Vorwort zu seinem Buch „Jesus von Nazareth" schreibt Josef Ratzinger (Benedikt XVI.): „Gewiss brauche ich nicht zu sagen, dass dieses Buch in keiner Weise ein lehramtlicher Akt ist, sondern einzig Ausdruck meines persönlichen Suchens „nach dem Angesicht des Herrn" (vgl. Ps 27,8). Es steht daher jedermann frei, mir zu widersprechen. Ich bitte die Leserinnen und Leser nur um jenen Vorschuss an Sympathie, ohne den es kein Verstehen gibt." (S. 22). Ich verstehe diesen Hinweis so, dass Josef Ratzinger dieses Buch nicht als Professor, nicht als Bischof, Kardinal oder Pabst geschrieben hat, sondern als ein gläubiger Mensch. Natürlich ist er Professor, Bischof und Pabst. Aber er möchte hier ausdrücklich als ein gläubiger Mensch angesehen, behandelt und respektiert werden. Er lädt uns einfache Gläubige ein, ihm zu widersprechen. Nicht des Widerspruchs wegen, aber er möchte einen Dialog führen.

Und ich, ein ganz normaler, einfacher und gläubiger Mensch, möchte diese Einladung zum Widerspruch, also zur Diskussion annehmen. Auch in dem Bewusstsein, ihm weder theologisch noch bildungsmäßig „das Wasser reichen zu können", bitte ich um den gleichen Vorschuss an Sympathie, um einerseits verstanden zu werden und anderseits lernen und Informationslücken schließen zu können.

Kritik an einem Buch oder an einer geäußerten Meinung bedeutet nun nicht, dass diesem Buch, dieser Meinung grundsätzlich widersprochen werden muss. Kritik bedeutet, dass die positiven sowie die negativen Elemente des Buches oder der Meinung dargestellt werden. Und in diesem Sinne verstehe ich meine Kritik an dem Buch „Jesus von Nazareth" von Josef Ratzinger. Ich melde meinen Widerspruch an.

Dieser mein Widerspruch richtet sich gegen die Art und Weise, wie mir die Bibeltexte erläutert werden. Als sehr lehrreich und interessant fand ich die Hinweise auf die jüdische Sicht der Bibelauslegung, der jüdischen Sicht zur Tradition. Nur wurden diese Hinweise meistens nur angedeutet und waren für mich nicht immer nachvollziehbar. So fühle ich mich in dieser Hinsicht weiterhin nicht richtig informiert, also recht unwissend. Ich halte es nach wie vor für sehr problematisch, dass uns einfachen Gläubigen das jüdische Verständnis von der Bibel nicht näher gebracht wird. So entsteht bzw. so erhält sich das wohl nicht zutreffende Bild von der Gesetzestreue des Judentums. Die Polemik Christi gegen die Pharisäer, denen das peinliche und wörtliche Einhalten von Geboten oder Verboten vor der Sorge um den Mitmenschen stand, prägt so ein unzutreffendes Bild vom Judentum. Hier empfinde ich einen enormen Nachholbedarf, der durch die verkündende Kirche geleistet werden müsste und sollte.

Mit immer größerem Widerstand las ich die Schriftauslegung durch Herrn Ratzinger. Nehmen wir als Beispiel das Bild der Brotvermehrung. Auf der Seite 308 seines Buches stellt Herr Ratzinger dieses biblische Bild so dar, als ob es sich hier um einen Tatsachenbericht handelt. Er sagt: „Alle drei synoptischen Evangelien berichten von einer wunderbaren Speisung von fünftausend Männern (Mt 14,13-21; Mk 6,32-44; Lk 9,10b-17); Matthäus und Markus erzählen außerdem noch von einer Speisung von viertausend (Mt 15,38 f; Mk 8,1-10)." Weiter führt er im nächsten Absatz aus, dass er sich auf die johanneische Brotvermehrungsgeschichte (Joh. 6,1-15) beschränken wolle. Auch diese wolle er jetzt nicht näher untersuchen, „sondern unser Blick richtet sich unmittelbar auf die Auslegung des Geschehens, die Jesus in seiner großen Brot-Rede am anderen Tag auf der anderen Seite des Sees in der Synagoge schenkt."

Ein weiteres Beispiel ist das Gehen von Jesus auf dem Wasser (Mt 14, 25-27). Ratzinger zitiert hier nicht diese Bibelstelle, aber auf der Seite 404 sagt er folgendes: „Denn da Gehen über die Wasser ist Gottes Sache: ..." und später: „Der Jesus, der über die Wasser geht, ist nicht einfach der vertraute Jeses – in ihm erkennen sie plötzlich die Gegenwart Gottes selbst."

Beide Bilder scheinen jeweils über tatsächlich so abgelaufene Ereignisse zu berichten. Zumindest so verstand ich die

Aussagen von Herrn Ratzinger. Die Brotvermehrung und das Gehen von Jesus über das Wasser haben real stattgefunden.

Ich empfand mich zurück versetzt in die Methodik der Bibelauslegung vor dem II. Vatikanischem Konzil. Gleichnisse, Bilder aus der Bibel werden so interpretiert, also ob dieses so geschehen sei. Es wird zwar immer wieder darauf hingewiesen, dass gerade viele Bilder, die im Neuen Testament gezeichnet werden, sich auf Bilder aus dem Alten Testament beziehen, diese Bilder also keine reale Situation widerspiegeln, sondern nur die Verbindung zwischen den Aussagen des Alten Testamentes und denen des Neuen Testamentes darstellen. Mal kommt dieser Hinweis, also der Bezug zum Alten Testament recht deutlich und klar, mal aber sehr versteckt. Gerade diese nicht saubere Trennung zwischen dem realen Ereignis und dem Beispiel führt zu einem Glaubwürdigkeitsverlust. „Ach komm, das kann doch nicht wahr sein!" und die Verkündung einer Wahrheit in einem unwahren und unglaubwürdigen Mantel führt dazu, dass eben dieser Wahrheit nicht mehr geglaubt wird.

Ich sehe es schon kommen, dass mir von den Evangelikalen vorgehalten wird: „Wenn Dein Pabst diese unsere Sichtweise auch teilt, dann kann diese nicht falsch sein!" Es sei jetzt darauf hingewiesen, dass die Sicht der Evangelikalen nicht die Sicht der evangelischen Kirche ist. Mit vielen Theologen aus der evangelischen Kirche habe ich Kontakt gehabt und sehr interessante Gespräche geführt. Bei allem Unterschied in einigen, wenn auch wichtigen Fragen, so z. B. das Amtsverständnisses, fand ich doch eine überaus große Übereinstimmung in der Frage der Methodik der Schriftauslegung.

Bibelstellen, die die Göttlichkeit von Jesus zeigen sollen, wie z. B. das Gehen von Jesu über den See Genezareth, können nicht als Beleg dieser Göttlichkeit dargestellt werden. Sonst könnte ich behaupten, was ich will, und diese Behauptung wäre der Beweis für die Richtigkeit dieser meiner Behauptung. Also, das Bild zur Erläuterung einer Rechtfertigung kann und darf niemals gleichzeitig der Beweis zu dieser Rechtfertigung sein.

Ich weiß nicht, ob ich das Bild vom „Menschensohn" falsch verstanden habe. Erst wird gesagt, dass diese Aussage wohl von Christus selbst stamme, denn diesen Begriff gab und gibt es in der jüdischen Theologie nicht. Jesus hätte diesen Begriff also für sich neu eingeführt. Somit sei dieses eines der wenigen Worte, die von Jesus direkt stammen würden. Dann wird etwas versteckt später gesagt, dass es diesen Begriff zu Lebzeiten von Jesus nicht gegeben hätte. Er tauche erst später, also wesentlich nach dem Kreuzestod von Jesus, auf. Damit wird die erste Aussage, nämlich die von der wohl ursprünglichen Aussage von Jesus selbst, aufgehoben. Zumindest verstehe ich dieses als einen Widerspruch. Wie soll ich den Begriff vom „Menschensohn" nun verstehen? Stammt dieser Begriff von Jesus selbst oder wurde er später in die Texte aufgenommen?

Wer war Jesus?

Diese Frage beschäftigt mich schon lange. Mal mehr und mal weniger stark. Wer war Jesus? In der heutigen Zeit gibt es wohl mehrere unterschiedliche Meinungen, wer Jesus war. Alle Meinungen haben nur dann einen Sinn, wenn es den Menschen Jesus wirklich gegeben hat. Wir jagen keinem Phantom nach, keiner literarischen Erfindung. Wir überlegen uns, wer dieser Mann gewesen sein könnte, der vor mehr als 2000 Jahren in Judäa lebte und wirkte.

Die jüdische Sicht ist mir leider nicht bekannt. Ein Versuch, mich mit einem jüdischen Studenten über dieses Thema zu unterhalten, scheiterte. Durch unsere unselige Geschichte haben wir ja den größten Teil unserer jüdischen Bevölkerung verloren. Wir haben somit kaum die Möglichkeit, uns mit einem jüdischen Nachbarn zu unterhalten. Somit rekonstruiere ich jetzt eine jüdische Sicht, wie diese zu den Lebzeiten von Jesus gewesen sein könnte, so wie wir dieses aus dem neuen Testament kennen. Wir müssen dabei aber bedenken, dass das neue Testament keine Bibel für die jüdischen Menschen darstellt. Ab dem neuen Testament trennen sich die theologischen Schriften auf, in die des Judentums und die des Christentums.

Jesus war für die führenden jüdischen Theologen, die Schriftgelehrten und Hohen Priester, für die Rabbiner und die rechtschaffenen Gläubigen zuerst einmal ein Sektierer. Ein Fundamentalist. Einer, der eine recht eigenwillige Theologie vertrat und verkündete. Wir würden heute sagen, er war ein Spinner. Problematisch wurde er für die jüdische Theologie, als er die Lehren aus der Tora auf den Kopf zu stellen begann. Er fing an, die göttliche Ordnung, die man aus der Tora ableitete, in Frage zu stellen. Gefährlich und zu einer richtigen Gefahr für den jüdischen Staat wurde er, als er sich zum Sohn Gottes erklärte. Dieses war mehr als nur eine Gotteslästerung. Hiermit stellte er nicht nur die gesamte jüdische Theologie in Frage, er stellte auch die auf der Theologie beruhende staatliche Ordnung des jüdischen Staates in Frage. Er wurde somit zu einer erheblichen Gefahr und musste also schleunigst beseitigt werden. Da das normale Vorgehen hier nicht klappte, denn man erwischte Jesus niemals alleine und konnte ihn also nicht vor die Stadttore schleppen und dort steinigen, musste ein Hochverratsprozess her. So konnte man die Besatzungsmacht, die Römer, dazu bringen, diesen Rädelsführer zu kreuzigen. Damit war für die bedrohte jüdische Theologie das Problem gelöst und die alte Ordnung wurde nicht mehr angegriffen.

Aus der Sicht des Islam war Jesus ein Prophet. So wie viele vor ihm und Mohammed nach ihm. Da Mohammed aber nach ihm Prophet war, war Mohammed der letzte Prophet, über den Gott mit den Menschen sprach. Mohammed und Jesus stehen also als Propheten direkt nebeneinander. Nur ist Mohammed für den Islam deswegen bedeutender, weil er als letzter die Botschaft Gottes den Menschen überbrachte und er die Religion neu ordnete.

Das christliche Bild ist sehr kompliziert. Es ist gespalten und stellt doch eine Einheit dar. Für die Christen ist Christus einmal Mensch und zum anderen Mal Gott. Hier aber nicht Gott in seiner Ganzheit, sondern als sein Sohn. Teil eines Wesens, das keinerlei materielle Bindung kennt oder zumindest der materiellen Bindung unseres Universums nicht ein- oder angebunden ist. War Jesus jetzt mehr Mensch oder mehr Gott oder war er zur Hälfte Mensch und zur anderen Hälfte Gott? Ein Mensch war er, denn er wurde ja von einem Menschen geboren und wuchs unter menschlichen Bedingungen auf. Mensch war er, so dass er auch die menschlichen Bedürfnisse wie essen und trinken verspürte. Er war auch so Mensch, dass er am Kreuz getötet werden konnte. Andererseits war er aber Gott und genau diesen Zwängen nicht unterworfen. Also, dieses Problem bekommen wir so nicht gelöst.

Ich hatte das Gefühl, dass die Frage nach dem Wesen von Jesus auch die Theologie wieder beschäftigt. Dann kam das

Buch von Josef Ratzinger (Benedikt XVI.) mit dem Titel: „Jesus von Nazareth". Nun dache ich, hier einige Antworten auf meine Fragen zu finden. Und ich wurde bitter enttäuscht. Ratzinger macht im Vorwort deutlich, dass er von der „historischen Forschung" nach Jesus nichts hält. So könnte das Wesen der Person Jesus nicht gerecht erfasst und begriffen werden. Er spricht nur kurz an, dass das Bild von Jesus bis in die Mitte des vergangenen Jahrhunderts einheitlich gewesen sei. Er verweist hier auf Bücher von Romano Guardini und weitere. Dann sei das Bild vom „historischen Jesus" und dem „Christus im Glauben" immer weiter auseinander gefallen. Was ich hier vermisse ist eine kurze Erläuterung, wie denn der „historische Jesus" gesehen wurde und worin sich die Kluft zwischen dem „historischen Jesus Christus" dem „Christus im Glauben" besteht und warum diese Kluft nicht zu überbrücken ist. Der Text seines Buches vermittelt mir den Eindruck, dass Ratzinger sich für den Menschen Jesus Christus nicht interessiert. Ihn interessiert nur der „Christus im Glauben", also Christus als Sohn Gottes. Was dann folgt ist eine allgemeine theologische Abhandlung über die Lehren von Christus. Ab und zu werden Hinweise auf die jüdische Tradition gegeben, um gewisse Feste oder Begriffe besser verständlich zu machen. Wir müssen uns stets vergegenwärtigen, Jesus war Jude und als solcher in die jüdische Theologietradition seiner Zeit eingebunden.

Neben der Lehre versucht Ratzinger die Rechtfertigung der „Gottessohnschaft" von Jesus darzustellen. Tenor dieser Aussagen, was anderseits auch ihr Problem darstellt, ist ein vager Verweis auf das alte Testament. Es gibt im Alten Testament keinen direkten Hinweis auf Christus. Die Hinweise auf den kommenden Herrn werden somit indirekt auf Christus bezogen. Und diese Beweisführung ist ausgesprochen schwach. Denn man könnte ebenso sagen, dass eine andere Persönlichkeit diese Bezüge auch auf sich ziehen könnte. Diese Fragestellung eröffnet nicht das Gespräch über den Antichrist, der zum Weltenende auftreten soll. Es soll nur aufzeigen, dass die so genannte biblische Begründung für sich nicht zwingend schlüssig ist.

Ebenso verhält es sich mit den angeblichen Selbstaussagen im neuen Testament. Ratzinger räumt ein, dass es kein authentisches Wort von Jesus in der Bibel gibt. Nun, dieses braucht uns nicht weiter zu verwundern, sind die Texte des neuen Testamentes allesamt erheblich später geschrieben worden. So etwa in den Jahren 60 bis 100 nach Christus. Ich denke, dass dieses jedoch kein Problem darstellt, weil es damals durchaus üblich war, Botschaften mündlich zu übermitteln. Alle so genannten Selbstaussagen haben Bezüge zu Stellen im Alten Testament und sie grenzen sich von den politischen und theologisch-politischen Aussagen ab. Es geht darum, die Botschaft des Jesus von Nazareth als eine Botschaft von Gott zu rechtfertigen. Gleichzeitig soll Jesus jedoch von den Propheten abgehoben werden, damit seine Aussagen mehr Gewicht haben.

Das Konzil von Nizäa (325 n. Chr.)

Ich vermisse bei Ratzinger eine Information über das Konzil von Nizäa im Jahre 325 n. Chr. Dieses Konzil ist auch heute noch sehr wichtig für die christlichen Kirchen. Es legte einen oder gar den Grundstein des christlichen Glaubens fest und beendete eine wohl heftig geführte Diskussion. Worum ging es? Es ging um die Frage, wer war Jesus? War er ein Mensch, war er ein Gott oder war er gar beides?

Es gab eine starke Fraktion, die wohl knapp die Abstimmung gewann und dann ihre Aussage sofort fest zementierte und als verbindliche festlegte, so dass diese noch heute gültig ist und scheinbar nicht mehr hinterfragt werden kann. Diese Fraktion vertrat die Meinung, Jesus war Mensch und Gott zugleich. Also das Eine, Mensch, so wie das Andere, Gott. Er war Gott in dem er mit dem Vater (Gott) wesensgleich (homoousios) war. Diese Aussage wurde dann sofort in das Glaubensbekenntnis der Kirche (Credo) eingebunden.

Seitdem heißt es dort: „Génitum, non factum, consubstanti-álem Patri: per quem ómnia facta sunt. Qui propter nos hómines et propter nostram salútem descéndit de cælis" (Gezeugt, nicht geschaffen, eines Wesens mit dem Vater; durch Ihn ist alles geschaffen. Für uns Menschen und um unseres Heiles willen ist Er vom Himmel herabgestiegen."

Sehen wir uns die Begriffe mal an und deuten diese:

❖ *Gezeugt.* Dieses deutet für mich auf die menschliche Entstehung des Leibes hin.

❖ *Nicht geschaffen.* Nicht geschaffen heißt, dass Jesus nicht durch einen Schaffensakt Gottes geschaffen wurde, wie die Erde, das Universum und alles, was darauf und darin lebt. Wir Menschen wurden von unseren Eltern gezeugt, aber von Gott geschaffen.

❖ *Eines Wesens mit dem Vater.* Der Begriff Vater steht hier für Gott. Jesus wird hiermit einmal personal vom Vater getrennt. Somit sind der Vater und Jesus zwei Personen. Dem Wesen nach sind sie aber dasselbe. Männer, Frauen und Kinder sind zwar von der Person her getrennt, vom Wesen her sind sie jedoch alle Menschen.

❖ *Durch ihn ist alles geschaffen worden.* Jesus ist von seinem Wesen her Gott. Er ist kein Nebengott, wie es die Mythologien der Völker des Altertums kennen. Seinem Wesen nach ist er Gott und hat also solcher das Universum, die Welt erschaffen. Dieser Begriff *durch ihn ist alles geschaffen worden* steht in einem direkten Bezug zum Begriff des *Schöpfers des Himmels und der Erde (factórem cæli et terræ)*, welches zum Anfang des Credo steht. Gott, und hier ist Gott Vater gemeint, hat den Himmel und die Erde geschaffen. Das ist die gängige Theologie des alten Testaments, welche durch das Neue Testament nicht aufgehoben wurde. Nur jetzt wirkt Jesus an der Entstehung des Himmels und der Erde mit.

❖ *Ist Er vom Himmel herabgestiegen.* Zum Zeitpunkt
der Befruchtung der Eizelle, also zum Zeitpunkt
der Zeugung neuen Lebens, ist Jesus vom Himmel
herabgestiegen. Da er ja schon war, also lebte,
musste dieses Leben nicht neu geschaffen werden.
Jesus unterzog sich hier den Regeln des menschlichen Lebens. Er nahm nicht einfach die Gestalt
eines Menschen an und war dann plötzlich da, so
wie es die Mythologien des Altertums vorsahen,
wenn die Götter die Gestalt von Menschen oder
Tieren annahmen. Jesus gliederte sich somit in die
Gesetzmäßigkeit des Lebens ein, so wie er diese
selbst geschaffen hat. Er stellte sich nicht außerhalb oder über diese Ordnung, er fügte sich ein.

Ratzinger führt zum Schluss seines Buches aus, dass die
vom Konzil von Nizäa gefundene Lösung, das Wort „gleich-
wesentlich" (homoousios) die junge christliche Theologie
davor schützte, helenisiert zu werden und in den mythisch-
polytheistischen Deutungen der damaligen Zeit unter zu
gehen. (S. 406/407). Damit macht er deutlich, dass dieser
Begriff der „Weseneinheit" ein Begriff zur Abgrenzung von
dem Götterglauben der damaligen Zeit ist und zugleich eine
weitere Rechtfertigung der Theologie des Jesus von Nazareth
ist.

Die Konsequenz dieses Begriffes ist zugleich der
Anspruch auf Wahrheit. Die jüdische Theologie wird hiermit
nicht aufgehoben, aber erfüllt. Das Warten auf den Messias,
der das Volk Gottes befreit, habe somit sein Ende gefunden.

Der Anspruch des jüdischen Volkes, das auserwählte Volk
Gottes zu sein, und zwar als Alleinvertretungsanspruch, es
gibt kein anderes auserwähltes Volk außer eben das jüdische,
dieser Anspruch wird durch den Missionsauftrag Jesus
aufgehoben.

Kann diese Auffassung kritisiert werden? Wenn ja, wie?

> Das erste und das stärkste Gegenargument zur Gottheit Jesu ist sein Scheitern. Jesus vermochte es nicht, die Theologen seiner Zeit, also die Schriftgelehrten, von seiner neuen Theologie zu überzeugen. Jesus suchte offenbar die Konfrontation - also den Streit - mit den Schriftgelehrten, und nicht den Konsens, die Einigung und Verständigung. Wenn er doch Gott war, so könnte man argumentieren, warum hat er es dann nicht geschafft, die Schriftgelehrten und die Hohen Priester von seiner Auffassung und seiner Botschaft zu überzeugen. Diese hätten dann doch das Volk mitnehmen und so die Theologie allgemein gültig neu fassen können. Und der Tod am Kreutz ist offensichtlich der Beweis des Scheiterns.

> Die Botschaft von Jesus an seine Jünger und Apostel war nicht deutlich. Sie war sehr verschlüsselt. Diese haben ja auch die Botschaft nicht sofort verstanden. Dieses Missverständnis führte ja selbst bei Paulus, der nun ein ausgesprochen hoch gebildeter Mann war, zu einer Fehleinschätzung der Wiederkunft des Herrn. Paulus und die Frühchristen glaubten ja an die alsbaldige, also zeitnahe und unmittelbare, Wiederkehr des Herrn

> Ich denke, hier könnten Theologen und Philosophen weitere Kritikpunkte äußern. Ich will es jetzt bei diesen belassen.

Die andere und knapp unterlegene Fraktion vertrat die Meinung, Jesus war ein Mensch, so wie wir es auch sind. Jesus ist damit der Sohn von Maria und Joseph. Wie wir Menschen trug Jesus auch die „heilig machende Gnade" in sich. Diese Gnade verbindet uns ja direkt mit Gott, ist gewissermaßen ein Stück Gottes in uns. Bei Jesus von Nazareth sei diese heilig machende Gnade eben stärker vorhanden gewesen und hätte ihn befähigt, uns die Botschaft Gottes mitzuteilen. Jesus sei also Mensch, wenn auch ein außerordentlich charismatisch begabter Mensch. Da er nicht nur dem Volk Israel predigen wollte, sondern dem ganzen Erdenkreis, sei er eben nicht nur ein Prophet, auch wenn er in der Tradition der Propheten stehe.

Kann diese Auffassung kritisiert werden? Wenn ja, wie?

> Die Botschaft Jesu verliert ihren göttlichen Status, wenn sie nicht von Gott stamme. Jesus hätte sich ganz anders legitimieren müssen.

> Die Botschaft Jesu verliert ihren universalen, d. h. über alle Zeit und alle Orte hinweg geltenden Anspruch, wenn sie nicht von Gott stamme.

> Die Botschaft Jesu verliere ihren moralischen Anspruch, also die Fähigkeit als Leitlinie zum Ausrichten des eigenen Lebens, wenn sie nicht von Gott stamme.

> Hier könnten jetzt Theologen und Philosophen weitere Argumente liefern. Aber ich denke, wir haben die wichtigsten gefunden.

Weshalb nun Josef Ratzinger oder Pabst Benedikt XVI. uns die Information über die Beweggründe des Konzils von Nizäa verweigert, können wir nur mutmaßen. Er nimmt uns somit die Möglichkeit, uns kritisch mit dem Glauben und seinen Aussagen zu beschäftigen. Ich empfinde dieses als eine Bevormundung. So ging man mit dem Kirchenvolk vor dem II. Vatikanischem Konzil um. Das Volk ist unmündig und muss vor seiner Dummheit bewahrt werden. Hierbei wird aber vergessen, dass nur der mündige Bürger, das mündige Volk, sich für den Glauben entscheiden und sich mit diesem identifizieren kann. Mündel und Befehlsempfänger führen nur solange die Befehle aus, wie diese auch kontrolliert werden und kontrolliert werden können. Ratzinger zitiert Paulus in seinem Galaterbrief: „Zur Freiheit seid ihr berufen" (Gal Kapitel 5,Vers 13). Um frei zu sein, muss ich auch über die Informationen verfügen. Natürlich birgt die Freiheit das Risiko des Irrtums in sich. Nur wenn man mich vor einem Irrtum bewahren will, ja dann beschneidet man meine Freiheit.

Meine Fragestellung

Ich habe mir die Frage gestellt, was würde sich an der Botschaft und an der Bedeutung der Lehren Jesu ändern, wenn wir uns der islamischen Sicht annähern würden? Würde in irgendeinem Punkt die Botschaft Jesu dadurch relativiert? Ich muss sagen, ich habe keinen Punkt gefunden, der hier seine Gültigkeit einbüßen würde. Die Botschaft Jesu bliebe für mich voll und ganz erhalten.

Was würde es an der Botschaft Jesu ändern, wenn sich die andere Fraktion im Konzil von Nizäa im Jahre 325 n. Chr. durchgesetzt hätte?

Ratzinger vertritt in seinem Buch „Jesus von Nazaret" auf der Seite 152 die Meinung, dass die Autorität der Botschaft Jesu an seinen Anspruch als Sohn, eben als Sohn Gottes, gebunden sei. Er führt dann weiter aus: „Sie verliert ihr historisches Gewicht und ihren tragenden Grund, wenn man Jesus bloß als einen liberalen Reform-Rabbi abinterpretiert. Eine liberale Auslegung der Tora wäre bloß persönliche Meinung eines Lehrers – sie könnte nicht geschichtsbildend sein." Hier denke ich, irrt Herr Ratzinger. Ich denke hier an erster Stelle an Martin Luther oder an Mohamed. Beide können, um im Bild zu bleiben, als Reform-Rabbiner angesehen werden. Die Botschaft beider war und ist geschichtsbildend. Um einen anderen Namen zu nennen, Siddhartha Gautama, genannt Buddha (der Erleuchtete), dessen theologische Botschaft, auch wenn wir diese heute als Philosophie bezeichnen, ist ca. 560 Jahre älter, als die Botschaft Jesu. Weder Martin Luther, Mohamed noch Budda erheben den Anspruch, der Sohn Gottes zu sein. Sie sind und sie sahen sich selbst als Menschen. Geschichtsbildend waren sie sehr wohl!

Auch wenn ich also der Aussage von Josef Ratzinger nicht folgen kann, ich diese sogar als irrig ansehe, so bin ich davon überzeugt, dass sich das Christentum heute anders darstellen würde. Was wäre anders?

1. Die Lehre vom Dreieinigen Gott würde entfallen. Unser Gottesbild würde dann wieder mit dem jüdischen und dem islamischen übereinstimmen. Auch wäre diese sonderbare Konstruktion von der Drei-einigkeit nicht entstanden. Es stellt sich für mich die Frage, wieweit diese Lehre nicht ein Erklärungsmuster darstellt, was mehr vom hellenistischen als vom christlichen Gottesbild bestimmt ist. Die verschiede-nen Erklärungsmuster, also von der gegenseitigen Durchdringung oder der verschiedenen Darstellungs-formen göttlichen Handelns scheinen mir doch recht unbefriedigend zu sein. Im Gegensatz zum christlichen Bild der Trinität ist das jüdische Bild immer bei der Einheit Gottes geblieben. Hat hier das Christentum nicht religionsfremde Impulse aufgenommen?

2. Die Zentrierung unserer Religion auf Christus würde entfallen. Nicht mehr Christus, sondern Gott selbst, also Gott unmittelbar, würde das Zentrum unseres Denkens bilden.

3. Die Jungfrauengeburt wäre entfallen. Dieses bedeutet nun nicht, dass die Bedeutung von Maria herabgesetzt würde. Mitnichten. Lediglich Josef würde aus seinem stiefmütterlichen Dasein herausgeholt. Er würde vom Ersatzvater zum richtigen Vater erhoben.

4. Die Frage mit der Himmelfahrt müsste anders inter-pretiert werden. Die Himmelfahrt von Maria wäre sicherlich nicht entstanden oder zumindest anders interpretiert worden.

5. Jesus als Mensch und nur als Mensch würde ihn in seiner Lehre nicht mindern. Es würde aber den Menschen, also uns Menschen, aufwerten und uns deutlich werden lassen, dass wir alle einen Keim Gottes, eben die heilig machende Gnade, in uns tragen. Wie gesagt, wir würden nicht alle zu Jesus Christus werden. Aber wir würden sicherlich besser

begreifen, wie das Reich Gottes in uns wirken kann und sollte.

6. Das Christkönigfest würde entfallen. Ein Fest, dass geradezu zu Missverständnissen aufruft und in der heutigen Zeit kaum verstanden wird.

7. Die Heiligen- und insbesondere die Marienverehrung wären anders. Zwischen uns und Christus benötigten wir keinen Mittler mehr, Christus selber wäre zum Mittler geworden.

8. u.s.w.

Die Grundfrage, und so sehe ich die Befürchtung von Ratzinger, bliebe aber unverändert. An der Lehre von Jesus würde nichts geändert werden. Selbst wenn man die Sohnschaft Jesu nicht körperlich nimmt, also nicht als Nachweis einer direkten Abstammung von Gott, ändert dieses nichts an der auch uns allen Menschen gehörenden Sohn- oder Tochterschaft. So wie Jesus Vater zu Gott sagte, so sollen wir es ja auch sagen. Wir alle sind Geschöpfe, Abkömmlinge von Gott. In Bezug auf Gott gelten andere Regeln, nicht die der irdischen Stoffbindung. Jedoch wäre die Körper- und Sexualfeindlichkeit des kirchlichen Lehramtes leichter zu überwinden und von dieser zu korrigieren.

Wie stellt sich die Kirche dar?

Diese Frage, so einfach sie wieder klingt, ist nicht so einfach zu beantworten. Denn wer ist die Kirche? Wer repräsentiert die Kirche? Wer kann im Namen der Kirche reden und handeln?

Wir kennen die Kirche unter verschiedenen Blickwinkeln. Mal ist es das Gebäude, das Gotteshaus. Mal ist es die Amtskirche, vertreten durch den Bischof oder Papst. Mal sehen wir die Pfarrgeistlichen auch als Kirche an. Aber uns selbst, unsere Gemeinde, wird häufig dabei vergessen. Auch wir, die Gläubigen, sind Kirche. Dieses nicht nur auch, sondern eigentlich, hauptsächlich. Aber warum fühlen wir uns oft nicht als Kirche angesprochen? Nach meiner Meinung liegt dieses daran, dass wir Laien von der Amtskirche nur als die „Herde" angesehen werden, die behütet werden muss. Der Schäfer, also der Bischof, und seine „Hirtenhunde", die Gemeindepriester, sorgen sich um uns und wir sollen dann brav das tun, was sie uns sagen.

Stimmt dieses Bild? Nein, es ist nicht richtig. Die Kirche ist vor allem die Gemeinschaft der Gläubigen. Weder der Raum, das Gebäude, noch die Amtsperson, Priester, Bischof, Pabst, machen das Wesen der Kirche aus. Die Amtspersonen sind zum Dienst für die Gemeinde bestellt. Nicht die Gemeinde ist für den Priester da, der Priester ist für die Gemeinde da. Dessen sollten wir uns wieder bewusst werden. Natürlich hat der Geistliche eine besondere Aufgabe, aber eben eine Aufgabe in der und für die Gemeinde. Das ist kein Machtanspruch, das ist die Botschaft Christi.

Wer repräsentiert nun die Gemeinde? Diese Frage ist sehr schwierig zu beantworten. Schwierig deswegen, weil es dem Repräsentanten am notwendigen Bewusstsein fehlt und weil ihm auch seine eigene Bedeutung verschwiegen wird. Nun, der Repräsentant der Gemeinde ist in der katholischen Kirche der Kirchenvorstand. In der evangelischen Kirche ist es das Presbyterium. Nun sind die Aufgaben des Kirchenvor- standes und des Presbyteriums nicht voll deckungsgleich. Der

Kirchenvorstand vertritt die Gemeinde nur im juristischen Sinne, für Fragen der praktischen Seelsorgearbeit gibt es den Pfarrgemeinderat, der jedoch nur beratende Funktionen hat. Das Presbyterium vertritt die Gemeinde juristisch und ist auch für die seelsorgerische Arbeit mit verantwortlich. Das Presbyterium verantwortet daher die Gemeinde und die Arbeit in der Gemeinde insgesamt. In der katholischen Kirche gibt es nicht diese eindeutige Regelung. Wir haben hier eine Teilung der Aufgaben und Verantwortung, eine Teilung zwischen dem Kirchenvorstand und dem Bischof, der durch den Geistlichen auf der Ebene der Gemeinde vertreten wird. Von der Arbeit und Funktionsweise des Presbyteriums kann ich keine Aussage machen. Mir fehlen hier einfach die entsprechenden Erfahrungen. Ich habe keinem Presbyterium angehört und kenne die Arbeit eines Presbyteriums nur aus den Pressemeldungen, wenn es mal in einer evangelischen Gemeinde Probleme gab. Von der Arbeit und Funktionsweise des Kirchenvorstandes und des Pfarrgemeinderates kann ich aus eigenen Erfahrungen aus verschiedenen Pfarrgemeinden berichten.

Der Kirchenvorstand vertritt also die katholische Pfarre rechtlich. Die Organisation des Kirchenvorstandes ist im Konkordat, also einem Vertrag zwischen dem Staat und der Kirche, einem völkerrechtlich verbindlichem Vertrag, geregelt. Der Kirchenvorstand ist eine Körperschaft des öffentlichen Rechts. Es ist somit juristisch gesehen eine recht bedeutende Sache. Als ich in den Kirchenvorstand gewählt wurde, erhielt ich vom Bischof eine Broschüre mit der Satzung des Kirchenvorstandes. Der erste Satz, den ich dort las, zeigte mir schon, welche Wertigkeit der Bischof dieser Körperschaft gibt. Denn der erste Satz lautete: „Die vornehmste Aufgabe des Kirchenvorstandes ist das Einsammeln der Kollekte." Jetzt stellen wir uns bitte mal vor, ein neu gewähltes Mitglied eines Gemeinde- oder Stadtrates erhielt vom Regierungspräsidenten ein Anleitung für seine Tätigkeit im entsprechenden Gremium und der erste Satz würde lauten: „Die vornehmste Aufgabe des Gemeinderates (Stadtrates) ist das Einsammeln von Spenden." Der Regierungspräsident würde sich ja so recht lächerlich machen. Aber in der Kirche scheinen andere Wertigkeiten zu herrschen.

Bedeutsam für die Arbeit des Kirchenvorstandes ist jetzt das Reichskonkordat aus dem Jahre 1933 und den Zusatzabkommen mit der Bundesrepublik Deutschland und den Bundesländern. Das Misstrauen der damaligen Regierung und der Kirche dem mündigen Bürger gegenüber ist daran zu erkennen, dass der Vorsitzende des Kirchenvorstandes immer der Gemeindepfarrer ist. Da der Gemeindepfarrer in der Regel, um nicht zu sagen fast ausnahmslos, nicht aus dieser Pfarrgemeinde stammt, also ein Ortsfremder ist, vertritt er nicht notwendigerweise die Interessen der Gemeinde. Es sei damit nicht gesagt, dass er gegen die Interessen der Gemeinde entscheiden muss. Aber im Konfliktsfall wird er natürlich seine Interessen durchsetzen. Somit wird der Kirchenvorstand fremdbestimmt. Ich will es klar sagen, ich polemisiere nicht gegen den Gemeindepfarrer. Ich erkläre auch nicht direkt, dass er nicht zum Wohle der Gemeinde wirken will. Mir kommt es darauf an, es für jeden deutlich werden zu lassen, wie wenig Kompetenz die Amtskirche ihren Gläubigen zubilligt.

Es hat mich mehr als nur unangenehm berührt, als ich im bischöflichen Ordinariat mal um den Abdruck des Konkordates bat. Der Kirchenvorstand sollte eine Änderung der Gemeindestrukturen beschließen und ich wollte, als Mitglied des Kirchenvorstandes, im Konkordat nachsehen, welcher Spielraum hierfür aus rechtlicher Sicht zur Verfügung steht. Anstatt mich, den Mandatsträger, wunschgemäß zu informieren rief der Sachbearbeiter des Ordinariates beim Gemeindepfarrer an und beschwerte sich, dass ich mich da rechtskundig machen wollte. Mir wurde also diese Information als unbotmäßig verweigert. Auch dieses ist ein deutliches Zeichen dafür, wie ernst der Laie in der Kirche genommen wird.

Der Pfarrgemeinderat ist ein Gremium, welches den Priester in seiner seelsorgerischen Arbeit beraten und unterstützen soll. Hier sollen die Anliegen der Gemeinde gesammelt und mit dem Seelsorger besprochen werden. Es sollen Planungen gemacht, Aktionen durchgeführt und koordiniert werden. So sollen die Laien im Sinne eines Laienapostolates in die Seelsorge mit eingebunden und beteiligt werden. Ich musste erleben, dass ein Geistlicher so autoritär mit dem Pfarrgemeinderat umging, dass dieser seine Arbeit einstellte und kaum ein Gemeindemitglied bereit war, sich in dieses Gremium wählen zu lassen. Diese Pfarrgemeinde hat bis heute keinen Pfarrgemeinderat. Der Kirchenvorstand, der für diese Aufgabe kein Mandat hat, soll jetzt den Pfarrgemeinderat ersetzen. So werden hier nur Termine abgehandelt. Das Leben als Pfarrgemeinde ist praktisch zum Erliegen gekommen. Wenn der Bischof jetzt davon spricht, wie wichtig die Mitarbeit der Laien in der Kirche sei, so glaubt ihm zumindest in dieser Pfarrgemeinde kaum jemand.

Eine kleine Anekdote zur Wertigkeit der Mitarbeit von Laien im kirchlichen Raum. In der Pfarrgemeinde, der ich angehöre, wurde das 200-jährige Bestehen als Pfarre gefeiert. Zu diesem Anlass hat der Pfarrer Laien gebeten, an einer Festschrift mitzuarbeiten. Diese haben es auch mit viel Eifer und sehr gutem Erfolg getan. Zum Schluss der Festschrift wurden die einzelnen Gruppen vorgestellt, die in dieser Pfarrgemeinde tätig sind. Es waren der Pfarrgemeinderat, der Kirchenvorstand, die St. Mathias-Schützenbruderschaft, die Frauengemeinschaft, der Waldkindergarten, die Freiwillige Feuerwehr und der Dorfausschuss. Es fehlten die Messdiener, die Lektoren und Kommunionhelfer sowie das St. Martins-Komitee. Es war also mehr als verwunderlich, dass der Pfarrer die Messdiener und die Lektoren und Kommunionhelfer nicht als Gruppe wahrnahm. Er hatte auch keine Messdienerstunde besucht und an den zwei Zusammenkünften der Lektoren und Kommunionhelfer im Jahr nahm er auch nicht teil. Begründung: „Nicht schon wieder einen

Abendtermin!'". Das St. Martinsfest wird bei uns im Dorf zentral organisiert und durchgeführt. Am Anfang seiner Tätigkeit hat er an diesem Fest teilgenommen und den Kinderwortgottesdienst als Einleitung vor dem Umzug durchs Dorf geleitet. Später aus „Termingründen" nicht mehr. Wundert es mich also, dass er diese Laien nicht mehr im Blick hatte, als es um die Festschrift ging? Ich will betonen, dass dieses nicht allgemeingültig sein muss. Es gibt auch Pfarreien, in denen die Laien als Partner angesehen und behandelt werden.

Glaubwürdigkeitsproblem

Die Kirche hat ein Glaubwürdigkeitsproblem. Und dieses Glaubwürdigkeitsproblem scheint nicht kleiner zu werden. Aber fragen wir uns erst einmal, wie begründet sich dieses Glaubwürdigkeitsproblem?

Die Verkündigung der Botschaft Gottes scheint schon zu alten Zeiten recht problematisch zu sein. Ein Hinweis hierfür sind die Propheten des alten Testamentes. Oft hatten sie nicht das Gehör gefunden, um ihre Botschaft verkünden zu können. Die Schriftgelehrten wollten von ihnen nichts wissen, da sie um ihre Macht und ihren Einfluss fürchteten. Jesus selbst ist mit seinem Versuch, die Botschaft zu verkünden, gescheitert. Er wurde, wie wir wissen, ja als so gefährlich angesehen, dass er den Römern ausgeliefert wurde, um ihn ans Kreuz schlagen, also töten zu können. Wenn man jetzt den Rückschluss zieht, dass die Verkündigung der Botschaft Gottes das Problem sei, weil die Menschen für diese frohe Botschaft nicht offen seien, irrt. Dieses ist nicht das Glaubwürdigkeitsproblem der Kirche.

Wir müssen vielmehr feststellen, dass die Kirche dieses Problem selbst produziert. Sie entfernte sich so von den Menschen, dass diese die Kirche nicht mehr verstehen. Es war nicht nur eine Entfernung vom Menschen als Individuum, die

Kirche wurde zum Machtapparat, es war auch eine Entfremdung durch die Sprache. Die Kirche sprach Latein, aber die Laien nicht. Und wenn dann den Laien etwas erzählt wurde, dann waren es gewaltige Sachen. Der liebende Gott wurde von dem rächenden und wütenden Gott verdeckt, der die Unbeugsamen in die Hölle verdammte. Aus der Gottesfurcht wurde die Furcht vor Gott. Ehre, Liebe und Dankbarkeit wurde ersetzt durch Angst. Angst, etwas falsch zu machen und deswegen in die Hölle zu kommen. Diese Angst verschob den Blick vom Himmel zur Hölle, von der Erlösung zur ewigen Verdammnis. Man ließ die Kirche lieber denken, denn die denken bestimmt besser und richtiger. Und so stiegen die Laien immer mehr aus oder wurden gar draußen gelassen.

Dass dieses Problem der Glaubwürdigkeit und der dadurch bewirkten Entfremdung zum Kirchenvolk im Mittelalter bereits vorhanden war, kann an einem recht simplen Vorgang gesehen werden. Wenn ein Zauberer zaubert, dann spricht er ein Zauberwort. Und dieses Zauberwort lautet: „Hokus Pokus". Wenn jemand vermeintlich Dinge macht, die unmöglich sind oder er beweisen will, dass er dieses vollbringen kann, dann sagen wir: „Der macht da wieder ein Hokus Pokus!". Woher stammt nun dieser Begriff: „Hokus Pokus"?

Diese Worte sind eine Verhöhnung und Verkürzung des Textes, den der Priester während einer jeden Messfeier zu Wandlung spricht. Während der Wandlung spricht der Priester unter anderem diesen Satz: „Hoc est enim Corpus meum." („Das ist mein Leib"). Nach der Lehre der Kirche wird das Brot mit diesen Worten zum Leib Jesu verwandelt. Spötter im Mittelalter haben dieses als Zauberei abgetan und dann aus diesem lateinischen Wandlungstext den Zauberspruch gebildet.

Die Glaubwürdigkeit der Kirche hat schwer darunter gelitten, wie sie mit den Erkenntnissen der Wissenschaft umgegangen ist. Das Beharren auf eine als biblisch angesehene und damit als gottgegebene Position, zeigte immer wieder, dass die kirchliche Position falsch war. Verkündete nun die Bibel, also das Wort Gottes, hier eine falsche Botschaft? Oder war nur die Interpretation, also die Auslegung und Deutung dieses Textes fehlerhaft?

Heute wissen wir, dass die Positionen der Kirche in naturwissenschaftlichen Fragen falsch waren. Und die Kirche hat noch immer Schwierigkeiten, dieses ihr Fehlverhalten freimütig einzuräumen. Statt Widerruf ihrer falschen Position wird heue oft nur die unwiderlegbare naturwissenschaftliche Position übernommen. Und was hat die Kirche hieraus gelernt?

Die Kirche hat an Glaubwürdigkeit verloren und verliert heute noch immer an Glaubwürdigkeit in ihrem Umgang mit Reformern. Sie scheint aus ihren Fehlern in der Vergangenheit nicht viel gelernt zu haben. Hatte man früher „die Abweichler" als Ketzer verbrannt, wenn sie nicht auf Druck nachgaben und ihre eigenen Aussagen widerriefen, so werden diese „Abweichler" heute zwar nicht mehr verbrannt. Man versucht sie jedoch auf anderer Art und Weise „kalt zu stellen", was einer Verbrennung durchaus gleichgesetzt werden kann. Es ist mir nicht bekannt, dass sich die Kirche in einen Dialog mit einem „Abweichler" eingelassen hat, um die Aussagen dieses „Abweichlers" kritisch und offen zu überprüfen. Hätte sich der „Abweichler geirrt, so hätte er seinen Irrtum erkennen und abstellen können. Hätte sich aber die allgemeine Auffassung der Kirche als nicht mehr zutreffend herausgestellt, so hätte die Kirche die Möglichkeit, diese ihre nicht mehr zeitgemäße Auffassung den Anforderungen der „Jetzt-Zeit" anzupassen.

Die Glaubwürdigkeitskrise der Kirche in der Neuzeit oder besser in der jüngeren Zeit begann schon mit dem I. Vatikanischen Konzil und der dort verkündeten „Unfehlbarkeit des Papstes". Dass diese Unfehlbarkeit an bestimmte Voraussetzungen gebunden ist, wird zwar zur Kenntnis genommen. Aber gerade die Erfahrungen mit der Fehlbarkeit kirchlicher Entscheidungen zu wissenschaftlichen Fragen hat doch erhebliche Zweifel hervorgerufen, ob denn diese Regeln wirklich uns vor Fehlentscheidungen und damit vor unzutreffenden und daher falschen Aussagen bei diesen Verkündigungen, die unter dem Gesichtspunkt der Unfehlbarkeit des Papstes, getroffen werden, schützen. Wie soll sich die Kirche verhalten, wenn nun wissenschaftlich nachgewiesen werden kann, dass eine Aussage, also ein Dogma, welches unter den Bedingungen der Unfehlbarkeit des Papstes getroffen wurde, unzutreffend, also falsch ist. Dieser Aussage also eine Fehlinterpretation zugrunde liegt? Muss die Kirche also eine solche fehlerhafte Aussage widerrufen und richtig stellen, oder kann sie dieses nur durch ein „Vergessen" der falschen Aussage stillschweigend korrigieren?

Das II. Vatikanische Konzil weckte viele Hoffnungen auf eine Veränderung innerhalb der Kirche. Die Antwort von Papst Johannes XXIII. machte die Runde, die er auf eine Frage gegeben haben soll, als er befragt wurde, warum er denn das Konzil einberufen wolle: „Frischen Wind will ich in die Kirche lassen!" Dabei soll er die Fenster geöffnet haben. Leider konnte nicht viel frische Luft in die Kirche hinein, weil Papst Johannes XXIII. noch im Laufe des Konzils verstarb. Sein Nachfolger, Papst Paul VI., schloss schleunigst wieder die Fenster. Für mich war es ein erstes Erlebnis des Unverständnisses und des Widerspruches der gebildeten und interessierten Öffentlichkeit, als Papst Paul VI. seine Enzyklika bezüglich der Mischehen (Ehen mit konfessionsverschiedenen Partnern) veröffentlichte. Mich selbst berührte dieses nicht, daher registrierte ich damals mehr diesen Unmut der Gläubigen.

Ganz anders bei der Enzyklika „Humane vitae", die den Gläubigen die Empfängnisverhütung untersagte. Ich empfand es als unangemessen, dass den Menschen, die sich um die Erziehung und Versorgung ihrer Kinder sorgen, die aber gleichzeitig ein aktives eheliches Leben führen wollten, jegliche Form der Empfängnisverhütung in Eigenverantwortung verboten wurde. Für mich kamen hier zwei Punkte hinzu, die meine eigene Betroffenheit sensibilisierten. Zu einen bin ich ein "Knaus-Ogino-Kind", also ein lebender Beweis für die Unzuverlässigkeit dieser Empfängnisverhütungsmethode und zum Anderen wusste ich vom Tode einer Mutter aus unserem Freundeskreis der Familie bei der Geburt ihres 6. Kindes. Sie war vor einer weiteren Schwangerschaft gewarnt worden, aber verhüten durfte sie ja nicht. Diese 6 Kinder mussten nun ohne Mutter aufwachsen.

Ferner wurden die nichtehelichen Kinder und insbesondere ihre Mütter damals von der Kirche recht schäbig behandelt. Verachtung statt Hilfe. Die Kirche widersprach hier ihrer eigenen Lehre von der Liebe und der Nächstenliebe. Uns Jugendliche hat es damals nicht viel geholfen, zu wissen, dass dieses Papier ein Minderheitspapier war und namhafte Theologen und Bischöfe mit diesem Papier nicht einverstanden waren. Sie mussten es verkünden. Für viele hat die Kirche damals ihr humanes Gesicht verloren und sie wurde unglaubwürdig. Wir stellten ja schon fest, dass die Bezüge der Kirche auf die biologischen Vorgänge und der Rückgriff auf ein Naturrecht nicht nur veraltet, sondern auch der modernen Wissenschaftserkenntnis nicht entsprach.

Der Nachfolger Pabst Pauls VI., Papst Johannes-Paul II. war schließlich ein Medienpapst. Er verstand es, über die Medien die Öffentlichkeit anzusprechen. Er erhielt auch viel Sympathie von jungen Menschen. Aber nachhaltig beeindruckt hat er sie nicht. Sie feierten ihn wie ein Popstar. Sie jubelten ihm zu. Aber auf seine Botschaft hörten sie nicht. Denn diese Botschaft ging an ihr Lebensgefühl vorbei. Die Ablehnung der Befreiungstheologie in Südamerika wurde nicht verstanden. Die Situation der Menschen, besonders auf diesem Kontinent, wurde als sehr bedrückend und ungerecht empfunden. Viele machen die Kirche für den Zulauf der Sekten in Südamerika verantwortlich. Indem die Kirche zumindest dem Anschein nach das politische und soziale System schütze, bot sie den armen und Not leidenden Menschen keine Heimat mehr.

Papst Benedikt XVI. verschärft diese Vertrauenskrise. Was zuerst als eine unbedachte Äußerung aussah, entpuppt sich immer deutlicher als ein Schritt zurück ins Mittelalter. Ja, nicht nur hinter das II. Vatkanische Konzil, sondern viel weiter in die Geschichte zurück. Papst Paul VI. machte sich in der Empfindung der Öffentlichkeit spätestens mit seiner Enzyklika Humane vitae (Pillenenzyklika, Pillen Paul) lächerlich. Er wurde teilweise nicht mehr ernst genommen. Durch sein geschicktes Auftreten entging Papst Johanns-Paul II. dieser Stigmatisierung. Aber ernst genommen wurde er auch nicht. Und wenn jetzt Papst Benedikt XVI. so weiter macht, wird er auch nur noch als lächerliche Person wahrgenommen. Ich denke hier insbesondere an seine Ankündigung, 9000 Priester zu Exorzisten zu ernennen. Jedes Bistum Weltweit soll so einen Exorzisten haben. Wie steht die Kirche zu den Ergebnissen der modernen Wissenschaft? Akzeptiert sie die Ergebnisse der medizinischen, psychologischen und psychiatrischen Forschung? Oder ist dieses für sie alles nur ein Werk des Teufels?

Theologie und Empirie

Stehen die empirischen Forschungsergebnisse den Aussagen der Bibel feindlich gegenüber? Gibt es einen Dissens, also einen Widerspruch, zwischen den Aussagen der Bibel und denen der Wissenschaft? Diese Fragestellung ist jetzt nicht ein altes und „abgekautes" Thema. Wenn wir uns die erbitterten Auseinandersetzungen in den Vereinigten Staaten ansehen, wenn wir die neuesten Verlautbarungen aus dem Vatikan betrachten, dann werden wir feststellen, dass diese Fragestellung höchst aktuell ist und wir uns dieser stellen müssen.

Vielen Evangelikalen und vielen Sekten werfe ich vor, und ich meine zu Recht, dass sie ein simples, ein zu einfaches Bibelverständnis haben. Wir betrachteten dieses ja schon beim Thema der Exegese. Betrachten wir einmal ein Thema, welches zurzeit sehr heiß diskutiert wird und teilweise die amerikanischen Gerichte beschäftigt. Es ist die Schöpfungsgeschichte. Hier stehen die Aussagen der Bibel im 1. Buch Mose, der Genesis, gegen die Aussagen von Darwin mit seiner Theorie der Entwicklung der Arten, also der Evolution. Dieser Streit wurde geführt unter dem Schlagwort: „Stammt der Mensch vom Affen ab?" Heute höre ich immer wieder diese Frage. Diese Fragestellung ist falsch, auch heute noch gewollt polemisch und missverständlich.

Schöpfungsgeschichte

Im ersten Kapitel des Buches Genesis, und damit am Anfang der Bibel, steht die Schöpfungsgeschichte. Diese wird in einer Geschichte erzählt, die das ganze Geschehen in einer Woche (7 Tage) ablaufen lässt.

Dieser klaren Aussage der Bibel stehen jetzt die Erkenntnisse der modernen Wissenschaft entgegen. Diese macht deutlich, dass der Schöpfungsakt nicht in sieben Tagen, sondern in vielen Millionen von Jahren statt fand.

Ist dieses der einzige Unterschied in der Darstellung der Schöpfungsgeschichte. Nein, die Bibel schildert dieses aus der Sicht von der Erde aus. Die Wissenschaft sieht dieses aus der Sicht des Universums. Aus dieser Sicht ist die Erde nur ein Teil des Ganzen und nicht das Zentrum dieses Universums.

Die Bibel spricht von abgeschlossenen Schöpfungsakten. An jedem Tag wurde ein Teil der Schöpfung abgeschlossen und am siebten Tag vollendet (Gen. 2. Kapitel, Vers 3). Die moderne Wissenschaft weist nach, dass der Schöpfungsakt nicht jeweils in sich abgeschlossenen Zeitspannen abgeschlossenen wurde. Ja, es wird gesagt, dass der Schöpfungsakt auch heute noch anhielte, also immer noch stattfinden würde.

Arten entwickelten sich und vergingen. Neue Arten entwickelten sich aus bestehenden. Auch seien unterschiedliche Arten miteinander verwandt, gleiche Arten könnten sich sogar durch äußere Umstände anders entwickeln und man würde glauben, dass es sich dann um eine neue Art handle.

Besonders intensiv und unerbittlich wird über die Erschaffung des Menschen gestritten. In der Bibel heißt es: „Dann sprach Gott: Lasst uns Menschen machen als unser Abbild, uns ähnlich." (gen. 1. Kapitel, Vers 26) Die moderne Wissenschaft weist nach, dass der moderne Mensch sich aus einer Abfolge von vielen Vormenschen entwickelt hat. Ebenso hat sich die Entwicklung der Affen aus den gleichen Wurzeln entwickelt. Der Mensch und die Affen haben sich dann getrennt und voneinander unterschiedlich weiter entwickelt. Also, der Mensch stammt weder vom Affen ab, noch der Affe vom Menschen. Jedoch haben beide eine gemeinsame Wurzel, einen gemeinsamen Vorahnen.

Zeigt sich hier nicht eine Unvereinbarkeit zwischen den Aussage der Bibel und denen der modernen Wissenschaft? Ich meine nein. Es gibt hier keinen Widerspruch. Beide, also die Bibel und die moderne Wissenschaft, erzählen von dem gleichen Vorgang und der gleichen Reihenfolge der Entwicklung. Wie wir im Kapitel über die Exegese schon gesehen haben, darf ich die Bibel nicht simpel wörtlich übersetzen und verstehen. Wie sollten Nomaden ohne schulische Ausbildung verstehen, dass die Schöpfung der Welt über mehrere Milliarden von Jahren ablief. War ihr Erfahrungshorizont doch kaum weiter als ein Jahr. Eine Woche, ja, das konnte nachempfunden werden. Aber eine Zeitspanne von mehr als einem Menschenleben war nicht zu verstehen. Somit muss der Tag nicht als ein Tag, sondern also ein Abschnitt gesehen werden.
Bei der Erschaffung des Menschen sehe ich auch keinen Widerspruch zwischen den Aussagen der Bibel und denen der Wissenschaft. Die Bibel spricht davon, dass der Mensch als Ebenbild Gottes geschaffen wurde. Dieses „Ebenbild Gottes sein", hebt in aus der übrigen Schöpfung heraus. Nur mit diesem Prädikat, ein Ebenbild Gottes zu sein, wir der Mensch zum Menschen.

Die moderne Wissenschaft weist nur nach, wie der Körper des Menschen sich entwickelte. Gleichzeitig versucht sie den Zeitpunkt zu bestimmen, wann der Mensch sich von der übrigen tierischen Schöpfung abhob, also der Mensch zum Mensch wurde. Diese Zeitbestimmung ist für die Anthropologie (Wissenschaft von der Abstammung des Menschen) nicht einfach. Welche Kriterien sind hierfür maßgeblich. Die Größe des Hirnvolumens alleine kann es nicht sein. Und schriftliche Belege der Vormenschen gibt es nicht.

Die Schöpfung des Menschen als Ebenbild Gottes ist eben kein biologischer Akt gewesen. Es ist ein Akt des Bewusstseins, des sich bewusst Werdens. Und dieses Bewusst-Werden lässt sich anhand der Artefakte, der Knochenfunde, nicht nachweisen. Dass dieses sich um einen Akt des Bewusstsein oder eben des sich als Person bewusst Werdens handelt, wird mir an einer anderen Stelle der Bibel belegt. Diese Stelle beschreibt den Sündenfall, die Ursünde des Menschen. Nachdem Adam und Eva vom Baum der Erkenntnis gegessen hatten, erkannten sie, dass sie nackt waren. (Gen. 3, 7). Sie waren vorher nackt, erkannten dieses aber nicht. Plötzlich gingen ihnen die Augen auf, sie erkannten etwas Neues. Sie lösten sich aus einer Bindung. Dieses sich Loslösen, diese Befreiung ermöglichte erst das Erkennen von Unterschieden. Und diese Fähigkeit zur Abstraktion, zur gedanklichen Erfassung von Dingen und Zusammenhängen, macht uns Gott ähnlich. Es geht also um mehr als die Unterscheidung von Helligkeit und Dunkelheit, die Unterscheidung von nahrhaft oder ungenießbar. Es geht um die Erkenntnis von Ursache und Wirkung. Ich kann somit vorbestimmen, welche Handlung welche Wirkung haben wird. Und dieses nicht nur in der Rückschau, also was ist und wie ist es geschehen, sondern auch in der Vorschau, wie wird es ablaufen.

Die Bibel und die moderne Wissenschaft widersprechen sich also nicht. Vielmehr weist uns die moderne Wissenschaft nach, dass die Bibel, wenn auch in einer anderen Sprache geschrieben, die Vorgänge richtig beschreibt. Aber eben, die

Bibel darf nicht simpel, also nicht einfach wörtlich übersetzt werden. Man muss immer nach dem Sinn der Botschaft fragen.

Psychologie

Es ist für mich recht unverständlich, warum die verkündende Kirche sich so vehement gegen die Erkenntnisse der Psychologie wendet. Ja, diese geradezu verteufelt. Fühlt sich die Kirche hier in einer Konkurrenzsituation zur Psychologie?

Wir hatten es damals als einen Akt zur Modernität empfunden, als die Kirche nach dem II. Vatikanischen Konzil das Exorzistenwesen drastisch einschränkte und anerkannte, dass viele Phänomene, die durch Exorzisten behandelt werden sollten, Fälle für die Behandlung durch einen Psychologen oder Psychiater waren. Diese Öffnung zur Modernität scheint Pabst Benedikt XVI. wieder aufzugeben. Warum? Was sind seine Beweggründe?

Hat Josef Ratzinger, oder eben Pabst Benedikt XVI., ein etwas sonderbares Bild von der wissenschaftlichen Sicht der Welt? Was versteht er unter seinem Begriff einer „rationalisierten" Welt? Seine Aussage: „In Wirklichkeit müssen nun die Mächte des Zufalls anerkannt werden, die unbestimmbar sind; die „Chaostheorie" tritt der Einsicht in die rationale Struktur der Welt zur Seite und stellt den Menschen vor Dunkelheiten, die er nicht auflösen kann und die der rationalen Seite der Welt eine Grenze setzen." (S. 211, Jesus von Nazareth).

Pabst Paul VI. hat mit seiner Enzyklika Humane vitae von einem göttlichen Naturgesetz gesprochen, also von einer göttlichen Ordnung. Pabst Benedikt XVI. spricht jetzt von den Mächten des Zufalls, also von unvorhersehbaren Ereignissen. Dieses widerspricht entweder den Naturgesetzen nach Pabst Paul VI. oder Pabst Benedikt XVI. akzeptiert die Chaostheorie aus der Naturwissenschaft, die genau diese scheinbare Zufälligkeit der Ereignisse beschreibt, wo kleinste Veränderungen ernorme Wirkung haben können. Uns ist dieser Vorgang unter dem Stichwort bekannt: „Der Flügelschlag eines Schmetterlings kann dafür verantwortlich sein, dass das Unwetter in einem Gebirge in ein anderes Tal einzieht." Hiermit wird gesagt, dass also Ereignisse, die so klein sind und die wir, weil sie eben so klein sind, nicht wahrnehmen, wirklich unerwartet große Wirkung zeigen können. Die Wirksamkeit dieser Chaostheorie lässt sich mit der Hilfe der Mathematik sehr anschaulich vor Augen führen. Nur wenn einer der Parameter um eine Kleinigkeit verändert wird, wird eine völlig andere Grafik angezeigt. Die Chaostheorie ist somit kein Beweis für eine Zufälligkeit, ist somit auch keine Rationalisierung von unvorhersehbaren Ereignissen oder dergleichen. Die Chaostheorie will uns aufzeigen und dafür sensibilisieren, dass selbst kleinste Kleinigkeiten von Bedeutung sein könnten. Unser ganzes Wissen um die ökologischen Zusammenhänge fußt auf der Chaostheorie. Ohne Chaostheorie gäbe es keine Ökologie und damit kein Bewusstsein für den richtigen Umgang mit Gottes Natur. Ohne Chaostheorie hätten wir keins Sensibilität für den biologischen Land- und Gartenbau entwickelt.

Für mich geht hier Pabst Benedikt XVI. den Weg der Emotionalisierung, der Mystifizierung der Weltsicht, die lediglich auf Angst fußt. Und weil alles mit Angst besetzt ist, muss diese Angst wieder durch Exorzisten ausgetrieben werden. Und dieses soll moderne Theologie sein?

Egoismus – Egozentrik

Die verkündende Kirche wettert immer wieder sehr erheblich gegen den Egoismus des Menschen. Sie stellt diesen Egoismus als etwas Schändliches heraus. Diesem Egoismus steht nur die Demut und das Dasein für den Nächsten, also die selbstlose Nächstenliebe gegenüber. Ist diese Sicht richtig?

Fragen wir uns erst einmal, was ist Egoismus eigentlich? Was tut ein Egoist? Im Wort Egoismus steckt das Wort Ego.

Und Ego ist die lateinische Wort für Ich. Mein Ego beschreibt also mein Ich. In der Philosophie und der Psychologie wird das Ich als die Beschreibung der eigenen Persönlichkeit benutzt. Dieses Ich steht damit im Gegensatz zum Du, der Persönlichkeit des Anderen oder zum Wir, der Gruppe von Persönlichkeiten, der man selber angehört. Das Ego, also das Ich, grenzt mich von meiner Umwelt, meiner Umgebung ab. Nur durch mein Ego bin ich für mich und für andere wahrnehmbar. Diese Abgrenzung ist also erforderlich, um sich selbst und um den und die Anderen zu erfahren. Ohne Ego wären wir nur Teil eines Ganzen und als solches nicht wahrnehmbar.

Der Egoismus beschreibt nun die Summe von Handlungen, mit denen ich mich von den Anderen und dem Anderen unterscheidbar mache. Ich grenze mich aktiv ab. Er beschreibt auch die Handlungen, die ich unternehme, um mich selbst zu erhalten. Ich muss also notgedrungen etwas zu mir nehmen, um mich zu erhalten. Und mit dieser Annahme besteht nun die Gefahr und die Möglichkeit, dass ich dieses einem Anderem wegnehme, diesem also den Zugriff darauf verweigere oder verhindere. Beispiel: wenn ich einen Apfel aus einem Korb heraus nehme und dieses esse, verhindere ich damit gleichzeitig, dass ein Anderer diesen Apfel für sich heraus nehmen und dann diesen Apfel verzehren kann. Diese Wegnahme muss also nicht unbedingt ein feindlicher Akt, also gegen die Interessen eines Anderen gerichtet sein. Es beschreibt nur den Vorgang als solchen, ohne dieses zu bewerten.

Der Egoismus ist somit von seiner Wortbedeutung keine schlechte Sache. Nichts, was bekämpft, unterdrückt werden muss. Der Egoismus ist sogar eine Haltung, die von Gott gewollt und bejaht wird. Denn wie lautet das Gebot der Nächstenliebe: „Du sollst deinen Nächsten lieben wie dich selbst." (Levitikus [3. Moses], 19,18; Gal 5,14; Jak 2,8). Diese Selbstliebe ist die Voraussetzung, um den Nächsten lieben zu können. Wie will ich denn den Nächsten lieben, wenn ich für mich selbst nur Verachtung übrig habe?

Die Meinung, ich könne mich nur dann dem Nächsten zuwenden, wenn ich mich selbst aufgebe, ist nicht nur falsch, es ist schlichtweg eine Irrlehre. Denn erst, wenn ich mir selbst etwas wert bin, kann ich den Anderen auch wertschätzen. Die Meinung, erst wenn ich mich selbst aufgebe, wenn ich also ganz für den Anderen aufgehe, dann würde ich einen Akt der größten Nächstenliebe zeigen, ist so etwas von verlogen, wie es nicht mehr geht. Wie kann ich etwas geben, wenn es ich nicht habe? Diese Lehre von der Nächstenliebe führte zu einer Haltung von Selbstaufopferung, die von dem Nächsten erwartete, entsprechend gewürdigt zu werden. Der Nächste, dem ich etwas schenke, muss diese meine Nächstenliebe bezahlen. Er muss mir dankbar sein. Jetzt möge mir jemand bitte einmal sagen, ob ein vom Empfänger bezahltes Geschenk noch ein Geschenk ist? Dieses Abverlangen der Dankbarkeit: „Ich habe mich doch für Dich aufgeopfert!" karikiert und verhöhnt geradezu den Gedanken der Nächstenliebe.

Wenn jemand sich immer an erster Stelle setzt und sieht, er sich also stets selbst ins Zentrum setzt, so nennt man dieses Egozentrik. Das eigene Ego, also das eigene Ich, steht im Zentrum seines Weltbildes. Alles muss sich diesem Zentrum unter- und einordnen. Es gibt wirklich nichts, was ihm auch nur ebenbürtig sein könnte. Er ist und bleibt unübertroffen. Er ist die Nabe, der Mittelpunkt der Welt. Dieses nicht nur für ihn selbst, sondern für die Anderen um ihn herum ebenfalls. Alles Handeln, seines und das der Anderen, hat sich diesem Anspruch unterzuordnen. Diese Haltung nennt man Selbstsüchtig, eben Egozentrik. Hier geht es also nicht mehr um die Erkennbarkeit der eigenen Person, es geht hier nur um die Dominanz der eigenen Person.

Ist ein Egozentriker zur Nächstenliebe fähig? Nein. Ein Egozentriker kann keine Nächstenliebe zeigen, weil er dann die Zentrierung seines Selbst aufgeben müsste. Er kann zwar etwas unternehmen, was wie ein Akt der Nächstenliebe aussehen kann. Er wird aber immer darauf achten, dass diese seine doch so selbstlose Handlung gesehen und gewürdigt wird. Er missbraucht hier also den Hilfeempfänger zu seiner eigenen Selbstdarstellung. „Seht, was hätte der ohne meine Hilfe getan? Nur ich konnte ihm helfen. Ich war doch toll!"

Solche Egozentriker sind in Wahrheit ganz schwache Persönlichkeiten. Sie brauchen den Anderen, um sich selbst zu beweisen. Ohne den Anderen, der sie bewundert, sind sie ein Nichts. Und wir sehen plötzlich, wie sich der Kreis schließt. Durch selbstlose Demut wird man plötzlich zum Egozentriker. Nicht ich helfe dem Nächsten, der muss mir helfen.

Es wäre hier sehr gut, wenn die lehrende Kirche und vor Allem die verkündende Kirche die Begriffe richtig nutzen und erläuterten würden. Erkenne dich selbst, damit du anderen aus dieser Erkenntnis helfen kannst! Liebe dich selbst, damit du aus dem Reichtum der eigenen Liebe deinem Nächsten geben kannst.

Selbstverwirklichung

Warum wettert die verkündende Kirche gegen die Selbstverwirklichung? Warum wird die Selbstverwirklichung geradezu verteufelt? Ja, was ist denn die Selbstverwirklichung?

Wir müssen uns diesen Begriff einmal genau ansehen und prüfen, was dieser Begriff eigentlich umschreibt. Als erstes stellen wir fest, dass das Wort Selbstverwirklichung sich aus zwei Worten zusammensetzt, nämlich „Selbst" und „Verwirklichung".

Das Selbst ist nun nicht ein anders Wort für das Ego, also das Ich. Der Begriff Selbst beschreibt somit nicht das Wesen einer Persönlichkeit. Das Selbst beschreibt mehr die Fähigkeiten einer Persönlichkeit. Wir sehen dieses auch in dem Begriff des Selbstbewusstseins. Denn hiermit wird ein Bewusstsein beschrieben, das diese Persönlichkeit von sich selbst hat. Also nicht das Bewusstsein, was ein Anderer über sie hat und auch nicht ein Bewusstsein, was diese über einen Anderen hat. Das Selbst ist, wenn wir es als einen Wegweiser betrachten oder darstellen wollen, ein Hinweisschild, welcher immer auf diese entsprechende Person zeigt. Dieser „Wegweiser" darf jetzt nicht mit dem Ego und somit mit der Egozentrik verwechselt werden. Denn dieser „Wegweiser" zeigt nur auf die Fähigkeiten, die dieses Selbst hat.

Dieses „Hinweisschild" bewertet nicht. Es ist vergleichbar mit einem roten Blinklicht an einem Bahnübergang. Denn das rote Licht versperrt nicht wie eine Schranke den Weg über die Gleise. Es zeigt nur an, dass die Gleise gesperrt sind und nicht überquert werden dürfen. Also zeigt dieser Wegweiser nicht nur, es trägt eine Botschaft. Beim roten Blinklicht am Bahnübergang eben die Botschaft: „Halt! Der Übergang ist gesperrt."

Dieses „Hinweisschild" trägt nun die Botschaft, welche Fähigkeit, Begabung, Talente, dieser hat, auf den dieser „Wegweiser" zeigt. Er zeigt jedoch nur an, dass dieser Mensch diese Fähigkeit hat und häufig auch, wie viel davon er hat. Es ist aber niemals diese Fähigkeit, diese Begabung oder dieses Talent selbst. Das Selbst weckt nur das Bedürfnis, diese Fähigkeiten zu nutzen.

Mit dem Wort Verwirklichung wird das planmäßige Handeln und Abschließen dieser Handlung bezeichnet. Also das Erreichen des gewollten Zieles. Ein Hausbau ist dann verwirklicht, wenn das Haus fertig gebaut ist und bezogen werden kann. Zu dieser Verwirklichung gehören die Planung, das Erwerben des Grund und Bodens, die Beschaffung der Materialien und der Fachkräfte, die dieses Haus bauen sollen und die Finanzierung des ganzen Vorhabens. Erst wenn alles gut abgestimmt und abgeschlossen ist, ist der Hausbau vollendet und verwirklicht.

Der Begriff der Selbstverwirklichung beschreibt also einmal das Vorhandensein, das Zeigen auf eine Begabung, eine

Fähigkeit und zum Anderen auf ein planmäßiges Handeln und Erfüllen dieser Begabung, dieser Fähigkeit. Um diese Begabung erfüllen zu können, muss ich mich erst prüfen, ob ich diese Fähigkeit auch habe. Dann muss ich mich in die Lage setzen, diese Fähigkeit auch sinnvoll einsetzen zu können. Ich muss also lernen, diese richtig und sinnerfüllt einsetzen zu können. Wenn ich also meine Fähigkeiten erkenne und wenn ich diese sinnerfüllt einsetzte und zur Wirkung bringe, dann Verwirkliche ich mein Selbst und somit betreibe ich meine Selbstverwirklichung.

Gibt es in der Bibel einen Hinweis auf die Selbstverwirklichung? Ja, mir fällt spontan das Gleichnis von dem Gutsherrn ein, der eine Reise machen musste. (Mt. 25,14-30) Er gab dem ersten Knecht 10 Talente mit dem Auftrag, diese zu verwalten. Dem zweiten gab er 5 Talente und dem dritten 1 Talent. Dieses ist als ein Hinweis zu verstehen, dass nicht alle Menschen mit der gleichen Gabe von Talenten (Begabungen, Fähigkeiten) ausgestattet wurden. Aber jeder erhielt den gleichen Auftrag, nämlich, diese seine Talente zu verwalten. Unter verwalten wird hier verstanden, mit diesen zu arbeiten und so einen Gewinn erwirtschaften. Nach seiner Rückkehr verlangt der Gutsherr Rechenschaft von jedem Knecht, was er mit den ihm übergebenen Talenten gemacht hat. Der erste Knecht sagt: „Du hast mir 10 Talente gegeben. Ich habe 10 weitere hinzu gewonnen. Hier sind diese." Der Herr lobt diesen Knecht für sein umsichtiges Handeln. Der zweite kommt und sagt: „Du hast mir 5 Talente gegeben. Ich habe 5 weitere hinzu gewonnen. Hier hast du diese." Der Herr lobt nun auch diesen zweiten Knecht. Der dritte erscheint und sagt: „Du hast mir 1 Talent gegeben. Herr, ich habe dieses vergraben und dafür gesorgt, dass keiner dieses wegnehmen kann. Hier hast du es zurück." Der Herr lobt nun nicht diesen Knecht wegen seiner Fürsorge um seinen Besitz. Er verstößt diesen Knecht, weil er sein Talent nicht nutzte und so auch keine Frucht brachte.

Dieses bedeutet nun für mich, jeder Mensch hat vom Herrn Talente, also Begabungen und Fähigkeiten, bekommen. Jedoch nicht alle in gleicher Menge. Jeder hat nun die Aufgabe, diese Talente so einzusetzen, dass sie Früchte bringen. Diese Früchte gehören jedoch nicht dem Knecht, also mir, sondern dem Herrn, der mir diese Talente gab. Indem ich nun diese meine Talente einsetze, verwirkliche ich meinen Auftrag, ja meinen Lebensauftrag. Am Tage der Abrechnung, also wenn ich vor dem Herrn trete, muss ich Rechenschaft darüber abgeben, was ich mit meinen Talenten gemacht habe, wie ich also dieses mein Selbst verwirklicht habe. Habe ich diese meine Begabung richtig eingesetzt, so wurden diese Begabungen verfeinert und vermehrt. Die Wirksamkeit dieser meiner Begabung wird erhöht. Somit ist die Selbstverwirklichung nichts anderes als die Erfüllung des Lebensauftrages, welches mir von Gott übertragen wurde.

Ein Egozentriker wird niemals sein Selbst verwirklichen können, weil es ihm nicht um die Erfüllung seines göttlichen Lebensauftrages geht. Der Mensch ist als ein soziales Wesen angelegt. Er handelt in die Gemeinschaft hinein und aus der Gemeinschaft heraus. Mit meinen Fähigkeiten decke ich die Schwächen anderer Menschen ab, helfe ihnen also. Und die Stärke der anderen Mitmenschen deckt meine eigenen Schwächen ab. So sind wir im gegenseitigen Austausch stärker. Dem Egozentriker geht es nur darum, sich über diesen Lebensauftrag hinwegzusetzen und nur den Bedürfnissen nach sich selbst zu erfüllen. Er wirkt nur insoweit in die Gruppe hinein, wie dieses ihm für sich selbst nützlich erscheint und ihm die Gruppe dient. Die Gruppe, also die Mitmenschen, haben für ihn da zu sein und sich grundsätzlich seinen Interessen unterzuordnen. Dieses scheitert jedes Mal, weil wir Menschen als soziale Wesen angelegt sind. Wir brauchen die Kommunikation, den Austausch mit den Anderen, um unsere Fähigkeiten richtig entwickeln und einsetzen zu können.

Was bringt uns die Zukunft?

Die Kirche stellt sich im Augenblick sehr unglücklich dar. Es knirscht an allen Ecken und Enden. Entscheidungen werden nicht glaubhaft begründet, oder es werden sogar keine Entscheidungen gefällt. Die Gemeinden werden dann vor vollendete Tatsachen gestellt, die dann „unvermeidlich" waren. Wenn nichts hilft, dann eben noch das Argument des Sachzwangs. Auf die Bedürfnislage der Gläubigen und der Gemeinden wird keine Rücksicht genommen. „Wir würden ja gerne, wenn wir könnten!" Schauen wir uns mal die Notlagen der Kirche an. Ich bin mir sicher, dass ich hier nur einen kleinen Ausschnitt darstellen kann, der nicht unbedingt typisch für die Gesamtkirche sein muss. Nur stellt sich dann die Frage nach der Solidargemeinschaft!

Priestermangel

Es wird der Mangel an Priestern beklagt. Ich frage mich nur, ist dieser Mangel plötzlich und unerwartet aufgetreten? Wenn nicht, was wurde von der Amtskirche getan, um diesen Notstand aufzufangen oder abzumildern?

Seit dem II. Vatikanischen Konzil wird von einem Priestermangel gesprochen, der unmittelbar bevor stehe. Somit ist es also kein plötzlich und unerwartet eingetretenes Ereignis. Dieser Mangel war also vorhersehbar. Man hätte also etwas unternehmen können, um diesen Mangel entweder zu vermeiden oder abzumildern. Was sind eigentlich die Ursachen für diesen Priestermangel?

Es wird erklärt, dass sich immer weniger Männer für diesen Beruf berufen fühlten und daher käme es eben zu diesem Engpass. Und was ist der Grund für diesen Mangel an Berufungen?

Ist das Argument, dass sich immer weniger Männer zum Priesterberuf berufen fühlten, wirklich das zutreffende Argument? Oder ist dieses vorgebliche Argument nicht die Folge anderer Ursachen?

Das Zölibat dürfte ein Haupthinderungsgrund für die Berufswahl sein, den Priesterberuf in der katholischen Kirche wählen zu wollen. Die Amtskirche duldet keine verheirateten Priester mit einer Ausnahme, wenn Priester aus einer unierten Kirche zur römisch katholischen Kirche wechseln und legal verheiratet waren, dürfen sie es bleiben. Wenn aber ein römisch katholischer Priester das Zölibat aufkündigt und sich offen und ehrlich zu einer sexuellen Beziehung bekennt, dann wird er aus dem Amt entfernt, er wird laisiert. Auch wenn die betroffene Gemeinde diesen Mann als Priester behalten möchte, er darf nicht bleiben, er muss also gehen.

Der Regens eines namhaften Priesterseminars führte im privaten Kreise kurz nach dem II. Vatikanischen Konzil Klage darüber, dass das Zölibat eine negative Auslese der Priesteramtskandidaten darstelle. Viele geeignete und befähigte Studenten würden wegen des Zölibates nicht ins Priesterseminar kommen. Somit würde der Anteil der homosexuell oder pädophil Veranlagten und gestörten Persönlichkeiten erschreckend groß. Der Anteil von Studenten, die das Zölibat freiwillig und als Aufgabe übernähmen, sei sehr klein. Es soll hier deutlich betont werden: weder der Regens noch ich wollen mit dieser Feststellung einen Generalverdacht in die eine oder andere Richtung aussprechen. Aber die Skandale in der Vergangenheit weisen eindeutig auf dieses Problem hin, auch wenn nicht alle öffentlich wurden.

Ja es stimmt, das Zölibat alleine verursacht oder löst dieses Problem nicht. Aber es ist ein gewichtiges Argument, welches entsprechend gewürdigt werden muss.

Wenn schon nicht genug Priester vorhanden sind und dieser Mangel langfristig absehbar war, wurden andere Möglichkeiten gesucht oder geschaffen, um diesem Problem Rechnung zu tragen? Es gäbe hier mehrere Möglichkeiten, wie

z. B. der Einsatz von Diakone, Pastoralreferenten oder Gottesdiensthelfern.

Der Diakon (griech. „Diener") war in der Urkirche jemand, der für die Kirche einen Dienst leistete. Später wurden nur die Männer zum Diakon geweiht, die Priester werden wollten und mindestens 22 Jahre alt waren. Seit dem II. Vatikanischem Konzil besteht die Möglichkeit, nicht Kleriker zum Diakon zu weihen. Zuvor müssen diese jedoch eine dreijährige Ausbildung mit Erfolg durchlaufen und bei der Weihe ein Mindestalter von 25 Jahren erreicht haben. In meiner Diözese werden meines Wissens nach keine haupt-amtliche Diakone eingesetzt.

Pastoralreferenten sind Theologen, jedoch ohne Priester-weihe. Entweder sind sie nicht in das Priesterseminar einge-treten oder haben sich zum Abschluss ihres Studiums nicht zum Priester weihen lassen. Pastoralreferenten sind bitte nicht mit den Gemeindereferenten zu verwechseln, da letztere keine theologische Ausbildung im engeren Sinne haben und für die Unterstützung der Priester in Aufgaben der Gemeindearbeit ausgebildet und vorgesehen sind. Ob in meinem Bistum Pastoralreferenten im Einsatz sind, entzieht sich meiner Kenntnis.

Gemeindereferenten sind im Einsatz. Jedoch nicht in meiner Pfarre. Diese ist wohl zu klein und zu unbedeutend. Es ist die kleinste Pfarre in unserem Dekanat.

Wie verwaltet das Ordinariat den Priestermangel? Nun, es kann nicht mehr jeder Gemeinde ein Priester zugeteilt werden. Also teilen sich mehrere Pfarren einen Priester. Der nächste Schritt war dann die Bildung der Gemeinschaft der Gemeinden (GdG). Dieses Konstrukt sollte keine „Super-pfarre" sein. Jede Pfarre blieb also rechtlich selbständig. In der GdG sollten die Aktivitäten der einzelnen Pfarren aufeinander abgestimmt werden. So weit so gut. Nun wurden diese GdG's nach dem Zufallsprinzip gebildet. Pfarren, deren Pfarrerstelle vakant war, wurden zu einer GdG innerhalb eines Dekanates zusammengefasst. Es wurde dabei nicht darauf geachtet, ob diese Pfarren räumlich oder verkehrstechnisch miteinander verbunden waren. Es wurde zwar ein gemeinsamer Pfarrbrief herausgegeben und ab und zu wurden zu besonderen Anlässen die Ministranten und die Lektoren aller Gemeinden in einem gemeinsamen Gottesdienst eingesetzt, aber das war es schon an Gemeinsamkeit.

Jetzt sollen die ersten Gemeinden fusioniert werden. Ziel ist es, die Anzahl der Pfarrgemeinden an die Anzahl der zur Verfügung stehenden Priester anzugleichen. Somit würde ein „Idealzustand" wieder erreicht werden, nämlich jede Pfarre hat seinen Pfarrer.

Dieser Umwandlungsprozess wird auch noch dadurch erschwert, dass aus dem Ordinariat keine eindeutigen und übereinstimmenden Informationen kommen. Der Bischof leitet zwar das Bistum, das Ordinariat bringt ihn aber schon auf Kurs! Im Klartext: Der Bischof ist von der Idee der Gemeindefusion nicht begeistert. Er möchte dieses eigentlich nicht. Aber das Ordinariat macht ihm schon deutlich, dass er keine andere Wahl hat. Dieser Machtkampf wird nun nicht intern ausgetragen. Nein, er findet schön in den Medien statt. Man könnte die Frage stellen, wer leitet das Bistum?

Seit dem II. Vatikanischem Konzil ist bekannt, dass wir auf einen Priestermangel zusteuern. Hat sich das Bistum darauf vorbereitet? Ich muss den Eindruck gewinnen, mein Bistum nicht. Weder wurde administrativ Vorsorge getrieben, also es bestand offenbar kein Plan, wie diesem Problem begegnet werden sollte, noch wurden die Gemeinden darauf vorbereitet. Die mangelnde administrative, also verwaltungsmäßige, Vorbereitung kann daraus ersehen werden, dass das Ordinariat jedes Mal Schwierigkeiten hat, vakante Pfarrerstellen zu besetzten. Die Verwaltung eines Mangels macht es immer wieder erforderlich, dort ein Loch zu reißen, wo es möglich ist, um ein größeres Loch anderweitig behelfsmäßig zu schließen.

Stellen wir uns mal die Frage: Kann hier durch den Einsatz von Laien die Not etwas abgefangen werden? Ich meine ja. Dieses wäre möglich, wenn Laien Wortgottesdienste abhalten würden. Ja, es gibt tatsächlich Pfarrgemeinden, bei denen regelmäßig Wortgottesdienste durchgeführt werden.

In unserer Gemeinde wurden vor Jahren eine Laien zum Gottesdiensthelfer ausgebildet. Aufgabe dieser Gottesdiensthelfer sollte sein, einen Wortgottesdienst zu leiten, wenn eine hl. Messe nicht stattfinden könne. Auf diese Weise sollte es vermieden werden, dass Gottesdienste nur deswegen ausfallen müssten, weil kein Priester zur Verfügung stünde. Zu einem dauerhaften Einsatz von Gottesdiensthelfern und der Installation des Wortgottesdienstes in unserer Pfarre ist es nicht gekommen. Die Gläubigen wurden auf diese Möglichkeit der Gottesdienstgestaltung nicht vorbereitet und unser damaliger Bischof musste auf eine etwas unglücklich gestellte Frage antworten, dass die Durchführung einer hl. Messe dem Wortgottesdienst vorzuziehen sei. Da dieser Bischof der pastoralen Arbeit sehr zugetan war und den neuen Wegen der Gottesdienstgestaltung positiv gegenüber stand, hat er die ihm gestellt Frage umfassend und korrekt beantwortet. Er versäumte jedoch, mit einem kleinen Hinweis dem Wortgottesdienst seine Bedeutung zu geben. Oder dieser sein Hinweis wurde von den anwesenden Gemeindemitgliedern nicht verstanden. Die Wirkung seiner Antwort war jedoch katastrophal. Es entstand bei vielen Gemeindemitgliedern der Eindruck, dass der Wortgottesdienst kein vollwertiger Ersatz einer hl. Messe sei. Damit waren die zaghaft begonnenen Wortgottesdienste in meiner Pfarrei beendet worden.

Mit der Kommunalreform vor 30 Jahren wurde aus knapp 30 Orten eine Stadt gebildet. So fanden sich jetzt 10 Pfarren in dieser neu gebildeten Stadt. Für diese Stadt, die auch ein Dekanat bildet, stehen jetzt nur noch 2,3 Priesterstellen zu Verfügung. Ein Priester war als Missionar in Afrika tätig und er weigert sich, mehr als 2 Pfarren zu betreuen, weil er hierzu gesundheitlich nicht mehr in der Lage sei. Ein zweiter Priester betreut eine Pfarre. Er wird in absehbarer Zeit aus Altersgründen (dann 75 Jahre alt) diese Betreuung aufgeben. Ob er wegen seines sehr angegriffenen Gesundheitszustandes dann als Aushilfe zur Verfügung steht, halte ich für wenig wahrscheinlich. Somit muss ein Priester jetzt 7 und demnächst 8 Pfarren betreuen. Es müsste also jetzt ein Weg vorbereitet werden, wie die Durchführung und Beibehaltung der Gottesdienste in den einzelnen Pfarren sicher gesellt werden können.

Auf meine Frage beim zuständigen Priester, der sich jedoch mehr als Leiter der Gemeinschaft der Gemeinden als Pastor definiert, ob man die Gemeinden nicht auf die Durchführung von Wortgottesdiensten vorbereiten müsse, erhielt ich eine recht deutliche Absage. Mir wurde erst erklärt, dass der Begriff „Wortgottesdienst" falsch und gefährlich sei. Ich hätte sicherlich schon festgestellt, dass des Begriffes des „Wortgottesdienstes" im gemeinsamen Pfarrbrief nicht mehr existiere. Stattdessen sei der jetzt richtige Begriff „Wortgottesfeier" eingefügt. Der Begriff „Wortgottesdienst" würde einerseits mit dem der hl. Messe verwechselt werden können und anderseits stünde er zu dicht an den Gottesdiensten der protestantischen Gemeinden, denen ja der sakramentale Bezug fehle.

Konsequenz dieser Meinung ist, dass in den Gemeinden mit einem schwach besuchten Gottesdienst dieser ausfallen wird. Jeder könne ja die hl. Messe in einer anderen Pfarre besuchen. Ist dieses die richtige Antwort auf eine immer älter werdende Gesellschaft?

Im Gotteslob, dem Gebet- und Gesangbuch unserer Diözese (aus dem Jahre 1975), steht unter der Nummer 664 (s. 615) „Der Wortgottesdienst wird von der Verkündung der Heiligen Schrift geprägt." Dieser Wortgottesdienst findet einmal in jeder Eucharistiefeier statt, ebenso kann er als eine eigene Gottesdienstform gefeiert werden.

Im Anhang zum Gotteslob steht auf der Seite 61 zum Wortgottesdienst folgendes: „Wenn die sonntägliche Messfeier einer Gemeinde entfallen muss, soll nach Möglichkeit eine Gemeindegottesdienst ohne Priester gefeiert werden." Werner wird im Laufe des weiteren Textes der Begriff „Wortgottesdienst" genutzt. Der Begriff Gemeindegottesdienst steht einmal für die Messfeier (mit Priester) und ein anderes Mal für den Wortgottesdienst (ohne Priester). Auf der folgenden Seite (s. 62) ist dann unter der Bezeichnung „Wortgottesdienst" eine Hilfestellung ausgedruckt, um diesen Wortgottesdienst als Gemeindegottesdienst vorbereiten und feiern zu können. Diese Anleitung stammt aus dem Jahre 1985.

Ist der Begriff „Wortgottesdienst" jetzt nur als Unterbegriff für den ersten Teil der Messfeier mit einem Priester gültig oder gilt er auch für die Messfeier ohne Priester? Soll der Gemeindegottesdienst ohne Priester weiter als Wortgottesdienst gefeiert werden oder soll dieser wegen des bestehenden Priestermangels ausfallen. Findet hier also neben einer „Zwangsfusion" von Gemeinden nun auch eine „Zwangsfusion der Gemeindegottesdienste" statt?

Erschwerend kommt noch hinzu, dass in unseren Gemeinden die Wertigkeit der Laien offensichtlich herunter gestuft wurde. Wurden nach dem II. Vatikanischem Konzil die Laien als Lektoren immer mehr in den Altarraum herein geholt, - was schließlich auch die Einheit von der Gemeinde mit ihrem Priester symbolisiert -, so werden, zumindest hier bei uns, die Laien wieder aus dem Altarraum entfernt. Begründet wird dieses von unserem neuen Pfarrer „liturgisch" damit, dass die Lektoren ja als Vertreter des Volkes die Lesungen verlesen würden. Sie seien und sollen nicht von der Gemeinde abgehoben werden. Als Vertreter des Volkes kämen sie vom Volk zum Ambo und würden dort ihre Aufgabe erfüllen. Sie kehrten dann wieder zum Volk zurück. Ich entgegnete ihm, dass die Lektoren zuerst auch aus den

Kirchenschiff mit der Gemeinde kamen und dorthin zurück-kehrten. Mit der Zeit seien sie aber als Vertreter der Gemeinde in den Altarraum geholt worden, eben als Vertreter der Gemeinde. Hierauf erhielt ich zur Antwort, dass man dieses auch so sehen könne. Dann müsse man aber die Lektoren entsprechend mit einem liturgischem Gewand versehen, wie dieses bei den Messdienern der Fall sei.

Mir wurde ferner gesagt, dass der Altartisch nicht der Tisch der Gemeinde sei. Es sei der Altar, auf dem bei jeder hl. Messe das Lamm Gottes geschlachtet würde und diese sakrale Handlung sei den Priestern vorbehalten. Die Messdiener seien als Diener und eben nur als Diener im Altarraum.

Der Priester steht nun wieder alleine, erhöht über der Gemeinde, und das gemeine Kirchenvolk kann dann von unten verfolgen, was am Altar geschieht. Für mich bedeutet dies die Aufkündigung und Auflösung der Gemeinschaft des Priesters mit seiner Gemeinde. Wir sind dann nicht mehr weit von der mittelalterlichen Situation, in der sich die Gemeinde vom Messgeschehen ausgeschlossen fühlte. Im Mittelalter, wo das Volk der lateinischen Sprache nicht mächtig war, wurden die Handlungen des Priesters als „Hokus pokus" verballhornt. Der Begriff „Hokus pokus" leitet sich aus dem lateinischen Text „Hoc est enim Corpus meum. (Dies ist mein Leib)" ab, den der Priester während der Wandlung spricht. Verspotteten im Mittelalter die Menschen, die sich von dem Geschehen in der Kirche ausgeschlossen fühlten, den Priester, so wenden sich heute die Menschen enttäuscht von der Kirche ab.

Ist dieses ein Einzelfall? Nein. Ich fürchte nicht. Denn die Entwicklung in diese Richtung zieht sich über mehrere Priestergenerationen hin, und ich glaube langsam nicht mehr, dass dieses nur die Ausnahme darstellt. Dieses Zurück-nehmen der Reformen des II. Vatikanischen Konzils lässt sich ja schon seit den letzten 40 Jahren beobachten. Unter Papst Benedikt XVI. scheint sich dieser Prozess zu beschleunigen.

Indizien hierfür sind seine Anregung zur Wiedereinführung der Messefeier im tridentischen Ritus. Ein ganz starker Schritt zurück. Denn dann würde die Messe nicht nur wieder in lateinischer Sprache abgehalten, einer Sprache, die die meisten Gläubigen nicht verstehen. Sie wären dann wieder vom Messgeschehen ausgeschlossen. Weiter würde die Messe dann wieder so zelebriert werden, dass der Priester mit dem Rücken zum Kirchenvolk steht. Was das feierliche Hochamt betrifft, so ist festzustellen, dass wir heute nicht mehr das Personal haben, um ein „dreispänniges Hochamt" gestalten zu können. Dreispännig bedeutet, dass drei Geistliche (Priester, Diakon, Subdiakon) am Altar gemeinsam das Hochamt zelebrieren. Und wenn es um das feierliche Hochamt geht, es gibt auch ein deutsches Hochamt. Der Chor singt alle Texte in deutscher Sprache. Eine sehr schöne Komposition. Papst Benedikt XVI. scheint ja in seinem Buch „Jesus von Nazareth" eine mittelalterliche Schriftauslegung zu bevorzugen. Würde dieses jetzt in Bezug auf den Priestermangel bedeuten, dass wir mit der Wiedereinführung des Volkspriesters rechnen können? Ein Priester mit geringerer theologischer Ausbildung, der nur für die Gemeindearbeit eingesetzt werden kann. Ja, Messe lesen und Predigen darf er auch. Aber für übergeordnete Aufgaben fehlt es ihm an der Befähigung.

Somit bleibt die Frage unbeantwortet, wie die Amtskirche dem Priestermangel begegnen möchte? Wird der Mangel nur verwaltet? Werden nun die Gemeinden durch Fusionierung bzw. Zwangsfusionierung so stark vergrößert, bis die Zahl der Gemeinden wieder mit der Zahl der zur Verfügung stehenden Priester übereinstimmt? Wird der Laie als Partner ernst genommen? Oder bleibt es dabei, dass der Einsatz der Laien nur dort erfolgt, wo es nicht zu vermeiden ist? Ehrenamt nur eine Notlösung?

Predigt

Ich bewundere immer wieder die protestantischen Christen bezüglich ihrer Bibelkenntnisse. Sie kennen sich nicht nur besser, sondern vielfach auch breiter in den biblischen Texten aus. Nein, ich vergesse hier die Gefahr durchaus nicht. Wir haben schon über meine Kritik an der Bibelauslegung der Evangelikalen und die der Sekten gesprochen. So simpel, so einfach, so wörtlich kann und darf ich die Bibel nicht lesen. Das II. Vatikanische Konzil hat nun uns in der Liturgieform weitere Bibeltexte erschlossen. Es gibt seitdem nicht mehr die jährliche Wiederholung der Texte. Nein, der Rhythmus erstreckt sich jetzt über drei Jahre. Auch sollen nicht nur zwei, sondern drei Lesungen im sonntäglichen Gottesdienst gelesen werden. Vielerorts hat sich dieses wieder reduziert auf zwei Lesungen. Aufgabe der Predigt ist es, der Gemeinde die Texte der hl. Schrift näher zu bringen, sie also in die heutige Zeit zu übersetzen. Wird dieses Ziel erreicht?

Hier muss ich leider ein klares Nein sagen! Das Ziel wird nicht erreicht. Warum nicht? Weil die Zuhörer in der Regel nicht direkt angesprochen werden. Die Lebenssituation der Gläubigen, und dazu gehört z. B. auch die berufliche Situation, wird kaum angesprochen. Man bedient sich lieber schöngeistiger Beispiele. Ein direkter Bezug zum Leben des Zuhörers wird so nicht hergestellt. Und darum verfällt das Kirchenvolk in der Mehrzahl in einen angenehmen Ruhezustand, um nicht zu sagen, in einen Halbschlaf. „Ach was hat er heute wieder schön gepredigt!" „Was hat er denn gesagt?" „Weiß ich nicht, aber schön war's!"

Dieses Problem will ich anhand eines Beispiels erläutern. Nehmen wir das Erntedank-Fest. Wenn wir es feierlich gestalten, so stellen wir die Produkte der Landwirtschaft aus. Sind wir schon etwas fortschrittlicher, so nehmen wir Produkte aus unseren Gärten hinzu. Ernte wird folglich immer nur als das Ergebnis landwirtschaftlichen Arbeitens und Bemühens gesehen. Ohne diese Bemühungen schmälern zu wollen, so stellt sich für mich die Frage, wie sieht es mit der

Ernte der anderen Menschen aus? Erwirtschaften die Handwerker, Arbeiter, Angestellte, Unternehmer und Beamten keine Ernte? Wie sieht es mit der Arbeit der Hausfrauen und Mütter, der Arbeit der der pflegenden und helfenden Berufe aus? Erwirtschaften diese keine Ernte? Betreibt die Kirche hier nicht auch eine Säkularisierung des Lebens seiner Gläubigen, wenn sie diese Tätigkeiten ausgrenzt? Bedenken wir bitte, im Mittelalter verrichteten die Menschen ihre Arbeit auch zum Lobe Gottes. Warum ist uns dieses abhanden gekommen? Eine solche Frage in der Predigt aufgenommen, würde den Zuhörer in seiner Lebenswirklichkeit erreichen.

Für mich ist eine Predigt dann eine gute Predigt, wenn sie die Zuhörer anspricht, ernst nimmt und ihnen Orientierung für die Gestaltung ihres persönlichen Lebens gibt. Orientierung nicht in Form von Geboten und Verboten, sondern Orientierung in Form von Denkanstößen, die die Zuhörer dazu einladen, das eigene Verhalten zu überdenken, sei es als eine Bestätigung oder als Anregung einer Veränderung ihres Verhaltens.

Ich denke jetzt nicht an die Predigten vor dem II. Vatikanischem Konzil und der so genannten Volksmissionen. Ja, da war wirklich Aktion in der Predigt, es wurden Gemüterbewegt. Manchmal wurde es einem richtig heiß. Nicht weil es so emotional erfreulich war. Nein, da schlugen einem so richtig die Flammen des Höllenfeuers aus dem Mund des Predigers entgegen. Und dann die Frage, was hat es bewirkt? Nichts, oder gar noch weniger?

Pastorale Arbeit

In einem Gespräch mit einem ehemaligen Priester unserer Gemeinde, dieser hatte damals nur drei Pfarreien zu betreuen, beklagte dieser sich, dass die Jugend aus den Gemeinden ihn nicht mehr kennen würden. Auf meine Frage, was er den tun würde, um mit den Jugendlichen Kontakt aufzunehmen, meinte er nur entrüstet: „Ich stelle mich doch nicht Abends an die Theke zu den Jugendlichen?" Auf meine Bitte, doch zu den Lektorentreffen zu kommen, um mit uns offen stehende Fragen zu besprechen, entgegnete er: „Nicht schon wieder einen Abendtermin!" Nun ja, die Belastung mit vier Treffen im Jahr war ihm zu groß. Selbst die Anregung, dass die Lektoren der drei Gemeinden sich gemeinsam treffen könnten, vermochte seine Abneigung gegen einen „Abendtermin" nicht aufzuheben. Dass dieser Pastor die Lektoren in der Jubiläumsschrift unserer Pfarre vergaß, ich berichtete schon im Kapitel „Wie stellt sich die Kirche dar?" hiervon, ist nicht weiter verwunderlich.

In meiner Kindheit und Jugendzeit verstanden sich die Priester als Seelsorger und somit als gute Hirten. Sie kümmerten sich nicht nur um die Liturgie, nahmen nicht nur offizielle Termine wahr, wie Taufe, Hochzeit, Beerdigung. Sie standen nicht nur dem Fragenden zur Verfügung. Nein, sie gingen auch zu den Menschen hin, die Probleme hatten, sich in Lebenskrisen befanden und deswegen dem kirchlichen Leben fern blieben. Das Verhalten der Priester stand im Einklang mit den Bibelstellen Joh. 10,11, Lukas 15,4 und Ezechiel 34,11-22. Natürlich entsprach nicht alles immer dem Idealzustand. Aber ein entsprechendes Bemühen war doch meistens festzustellen.

Heute beklagen sich viele Priester immer mehr über ihre administrative Einbindung. Sie kämen nicht mehr aus ihren Büros heraus, eine Seelsorge würde nicht mehr stattfinden. Es entzieht sich meiner Kenntnis, ob dieses nicht nur eine Schutzbehauptung ist, um sich der Auseinandersetzung mit den Gläubigen zu entziehen. Denn der Beistand für den Notleidenden ist oft sehr anstrengend. Der Notleidende möchte oft aus seiner Notlage herausgeholt werden. Er muss dann dazu gebracht werden, selber aktiv zu werden und Geduld mit sich und den Anderen zu haben. Warum kann der Priester seine Verwaltungsaufgaben nicht auf Laien delegieren, die häufig hier über eine bessere Ausbildung und Praxis verfügen? Oder hat hier Verwaltung etwas mit Macht zu tun?

Macht, Entscheidungen in eine bestimmte Richtung zu lenken oder Entscheidungen zu verhindern.

Wenn sich der Priester nur noch als Verwalter seiner Gemeinden sieht, er nur noch die amtlichen Termine wahrnimmt, die Messen liest, tauft, beerdigt und bei Hochzeiten mitwirkt, so wird er als Person nicht mehr gefordert. Er steht nicht mehr in der Auseinandersetzung mit den Gläubigen. Nun, so wird der Priester nicht nur Verwalter seiner Gemeinden, nein, er wird so zum Notar in religiösen Dingen. Der Pastor wurde vom Seelsorger in Glaubensfragen so zum Notar in religiösen Dingen. Nicht mehr der Inhalt des Glaubens steht im Mittelpunkt, nur noch die Form des tradierten Handelns in religiösen Riten. Ist dieses das neue Berufsbild der Priester? Sollen wir so unsere Pfarrer sehen?

Laufen hier wir und insbesondere die Amtskirche jetzt nicht Gefahr, aus dem Seelsorger und guten Hirten nur einen Verwalter der Gemeinden und somit schlechten Hirten (Ezechiel 34, 1-10) zu machen?

Quo vadis ecclesia? oder Kirche, wohin gehst du?

Wir haben gesehen, dass die Kirche, genauer, die Amtskirche, sich heute nicht nur den Reformanstößen des II. Vatikanischen Konzils entzieht, eingeleitete Reformen wieder aufhebt, sondern sich auch einer Argumentation bedient, die den meisten modernen Menschen nicht nur als sehr fragwürdig und nicht mehr zeitgemäß, sondern auch als wenig wahrhaftig erscheint. Es zeigt sich immer wieder, dass die Vertreter der Amtskirche ihren eigenen Vorgaben nicht folgen, also im Widerspruch zu dem stehen, was sie lehren und verkünden.

Die Verkündigungen der Kirche und die Lebenswirklichkeit der Gläubigen fallen immer weiter auseinander. Statt Hilfestellungen und Antworten, die auf die Wünsche der Gläubigen eingehen, bekommen sie alte Rituale und Lösungswege angeboten. Es sind Lösungswege, die schon bei ihrer Entstehung unter falschen Voraussetzungen geschaffen wurden oder aber Lösungswege, die unter Voraussetzungen sinnvoll waren, die heute nicht mehr bestehen. Ich denke hier insbesondere an die Rolle der Frauen in der Kirche, an Fragen der Sexualität und der Geburtenregelung.

In meiner Jugend sprach man von den drei Würden, die es in der katholischen Kirche gäbe. Diese Würden waren:
1. die Hochwürden, die Priester, dann
2. die Ehrwürden, die Ordensfrauen (Nonnen) und
3. die Nichtswürden, die Laien.

Die Laien hatten passiv dem Gottesdienst zu folgen, mussten belehrt, und gemahnt werden. Mündig, zu einem selbstbestimmten Leben fähig, waren sie nicht. Zumindest so wurden die Laien von der Amtskirche gesehen und behandelt.

Das II. Vatikanische Konzil hat nun die Wertigkeit der Laien mit dem Laienapostolat angehoben. Mit der Liturgiereform wurde nicht nur die Liturgie in eine für alle Laien verständliche Sprache gebracht. Nein, der Laie wurde sogar an der Gestaltung der Liturgie beteiligt. Einmal als Lektor und ein anderes Mal als Kommunionhelfer. Wir haben gesehen, dass die Lektoren anfänglich von den Kirchenbänken aus agierten und nach und nach zum Altarraum hoch geholt wurden und ihren Platz neben dem Priester fanden.

Wir haben jedoch schmerzlich erfahren müssen, dass bereits unter Pabst Paul VI. viele Reformen wieder abgebremst, aufgehoben oder erst nicht begonnen wurden. Im Militärjargon heißt so etwas: „Vorwärts Kameraden, es geht zurück!".

Jetzt werden hier bei uns mit der Veränderung von Begriffen, vom „Wortgottesdienst" zur „Wortgottesfeier", und der Entfernung der Laien aus dem Altarraum aus „liturgischen Gründen" die Wertigkeit der Laien wieder herabgesetzt. Wird der Laie in seinem Laienapostolat vom Partner wieder zum „Nichtswürden"? Wird liturgisches Handeln nur durch das Handeln des Priesters „geheiligt"?

Mir wird der Weg, den die Kirche im neuen Jahrtausend gehen will, nicht so recht deutlich. Geht es wirklich nur mit den Ansichten aus früheren Zeiten? Kann uns das Mittelalter wirklich die Ratschläge geben, mit denen wir den Anforderungen des dritten Jahrtausend gerecht werden können? Verlangt nicht jede Zeit einen eigenen, ihr angemessen Lösungsweg? Wie sieht die pastorale Arbeit der Zukunft aus? Wird aus dem Seelsorger ein Notar in Glaubensfragen?

Und so möchte ich jetzt diese meine Betrachtungen mit folgender Frage schließen: „Quo vadis, ecclesia?" oder „Kirche, wohin gehst Du?".